JN020956

つなげて楽しむ
かぎ針編みの
モチーフ
124

モチーフ編みは
四角、丸、三角、多角形、花など
フラットなものから立体のデザインまで
さまざまな模様が編めます。
この本では、いろいろな形の
モチーフパターンを紹介します。

モチーフは1枚でも楽しめるほか
編みつないでいくと
バッグやマフラー
ブランケットなど
素敵な作品が作れます。

本誌では、白い糸を中心に
中細や並太の毛糸、コットンの糸を使って編んでいますが
お好みで色を替えてみたり、麻糸やラフィア、モールの糸で編んでも
また違った表情になります。
好きな色や素材を組み合わせて
お楽しみください。

Contents

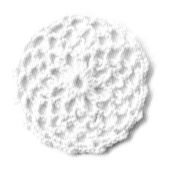

1

モチーフ編み

1枚で完成

モチーフ編みは
表を見ながらくるくると繰り返しの模様で編め
少ない段数で編み上がるので
編み物ははじめてという方にもおすすめです。
糸とかぎ針1本があればいつでもどこでも編めることも魅力。
モチーフが1枚編めたら
コースター、ワッペン、チャーム
キッチンのエコたわしなどが完成です。
好きなデザインと糸が決まったら
早速はじめてみましょう。

たくさん編んで
つなげてみる

モチーフが1枚編めたら、さらに何枚か編んでつなげてみましょう。
たくさんつなげると
1枚で見るときとは違った模様に見えたり
色を組み合わせることで模様が浮き上がって見えたり
新しい発見があります。
モチーフの組み合わせや色使いを考えるのも楽しいひととき。
あなたのアイデアで
素敵なモチーフつなぎを作ってください。

2

いろいろな形のモチーフとつなぎ方

応用範囲の広いスタンダードモチーフから、1枚でも華やかな立体の花モチーフまで。
つなぎ方のバリエーションと併せて紹介します。

1

square
motif

四角い
モチーフ

2

Design：風工房
Yarn： ハマナカ 純毛中細
How to make ⇒ p.10・11

2種類の四角いモチーフをつなげると、
周りのネット編みがほどよく透けて、
丸モチーフをつなぎ合わせたように。

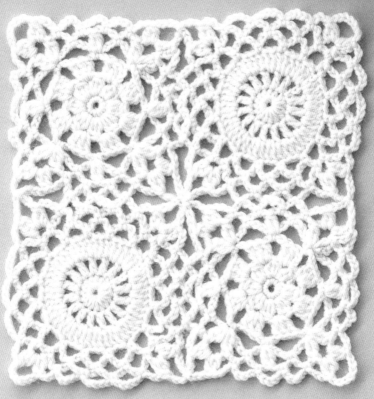

1 + 2

no. 1

糸…ハマナカ 純毛中細　　　針…3/0号かぎ針　　　モチーフの大きさ…7㎝角

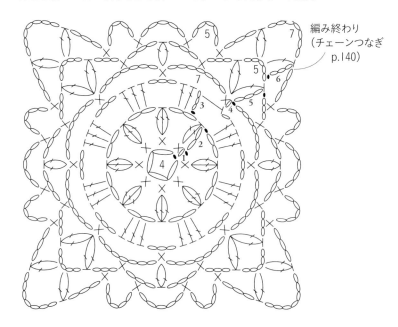

編み終わり
（チェーンつなぎ
p.140）

no. 2

糸…ハマナカ 純毛中細　　　針…3/0号かぎ針　　　モチーフの大きさ…7㎝角

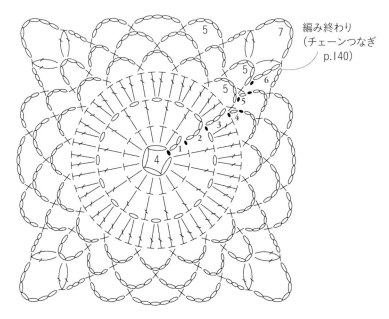

編み終わり
（チェーンつなぎ
p.140）

no.**1** + **2**

糸…ハマナカ 純毛中細
針…3/0号かぎ針
モチーフの大きさ…7cm角

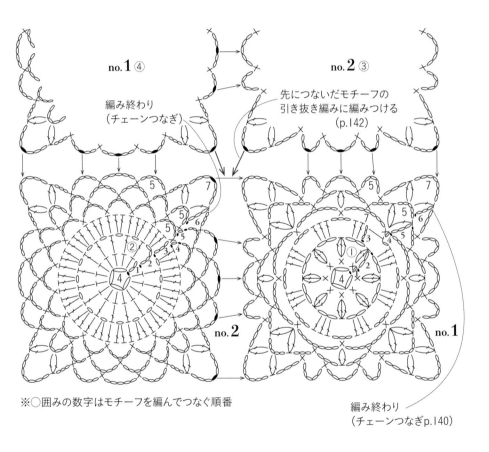

no.**1** ④

編み終わり
（チェーンつなぎ）

no.**2** ③

先につないだモチーフの
引き抜き編みに編みつける
(p.142)

no.**2**

no.**1**

編み終わり
（チェーンつなぎp.140）

※〇囲みの数字はモチーフを編んでつなぐ順番

11

3

4

Design：河合真弓
Yarn： **3・4・7** ハマナカ 純毛中細
　　　 5・6 ハマナカ アメリー
How to make ⇒ p.14・15

5

6

7

13

no. 3

糸…ハマナカ 純毛中細　　針…3/0号かぎ針　　モチーフの大きさ…6.5cm角

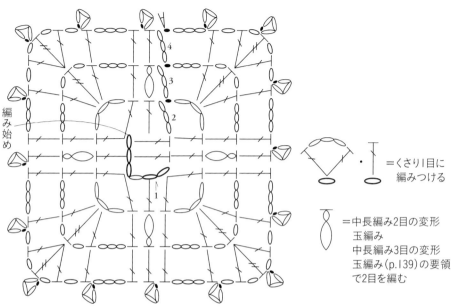

・ =くさり1目に
編みつける

=中長編み2目の変形
玉編み
中長編み3目の変形
玉編み(p.139)の要領
で2目を編む

no. 4

糸…ハマナカ 純毛中細　　針…3/0号かぎ針　　モチーフの大きさ…6.5cm角

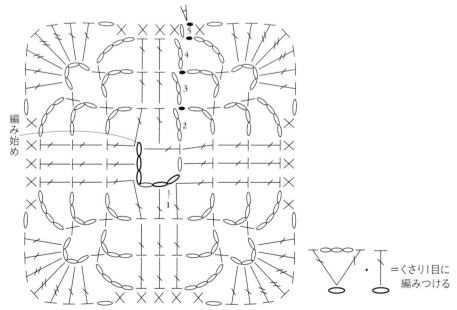

・ =くさり1目に
編みつける

no. 5

糸…ハマナカ アメリー
針…5/0号かぎ針
モチーフの大きさ…3cm角

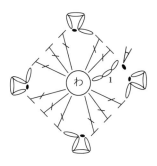

no. 6

糸…ハマナカ アメリー
針…5/0号かぎ針
モチーフの大きさ…3cm角

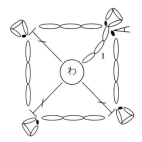

no. 7

糸…ハマナカ 純毛中細
針…3/0号かぎ針
モチーフの大きさ…7cm角

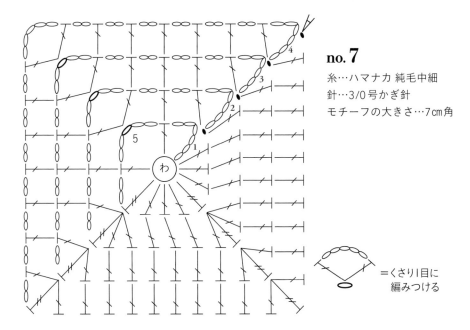

=くさり1目に
編みつける

クロス模様のモチーフをつなぎ合わせると、
縦と横のラインがつながって格子模様に。

8

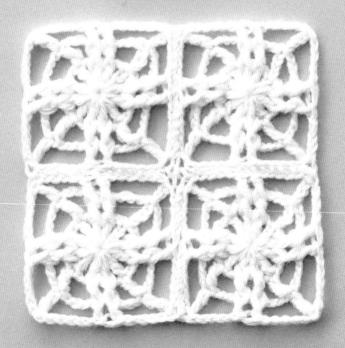

Design：河合真弓
Yarn： ハマナカ アメリー
How to make ⇒ p.18

9

モチーフの角をつなぐと、
つなぎ目に新しい模様が浮かび上がります。

Design：河合真弓
Yarn： ハマナカ アメリーエフ《合太》
How to make ⇒ p.19

no. 8

糸…ハマナカ アメリー
針…5/0号かぎ針
モチーフの大きさ…6.5㎝角

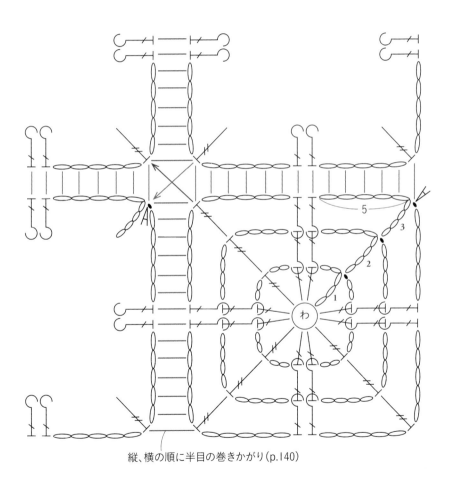

縦、横の順に半目の巻きかがり(p.140)

no. 9

糸…ハマナカ アメリーエフ《合太》
針…4/0号かぎ針
モチーフの大きさ…7.5㎝角

※○囲みの数字はモチーフを編んでつなぐ順番

round
motif

丸い
モチーフ

10

11

12

13

Design：風工房
Yarn： ハマナカ 純毛中細
How to make ⇒ p.22・23

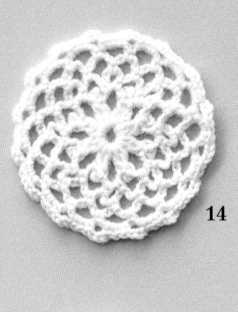

14

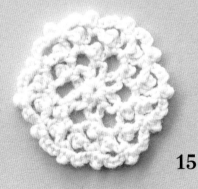

15

no.10, 11, 12, 13

糸…ハマナカ 純毛中細
針…3/0号かぎ針
モチーフの大きさ… **no.10** 直径5.5㎝　　**no.11** 直径4.5㎝
　　　　　　　　　no.12 直径5㎝　　**no.13** 直径5.5㎝

no.10

編み終わり
（チェーンつなぎ）

no.11

編み終わり
（チェーンつなぎ）

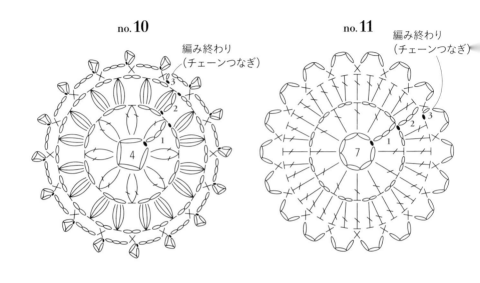

no.12

編み終わり
（チェーンつなぎ）

no.13

編み終わり
（チェーンつなぎ）

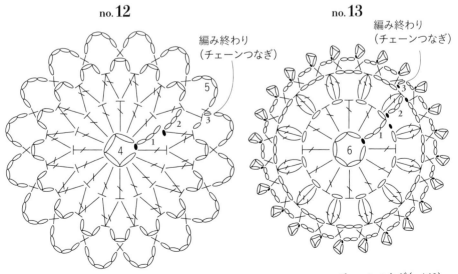

チェーンつなぎ(p.140)

no.14

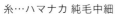

糸…ハマナカ 純毛中細
針…3/0号かぎ針
モチーフの大きさ…直径7㎝

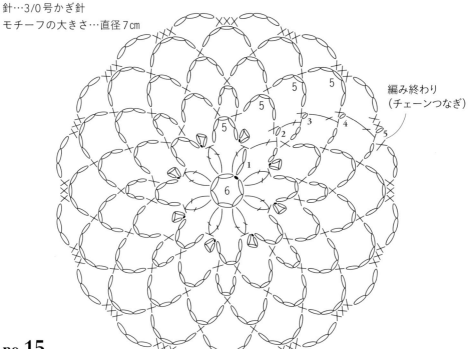

編み終わり
（チェーンつなぎ）

no.15

糸…ハマナカ 純毛中細
針…3/0号かぎ針
モチーフの大きさ…直径5.5㎝

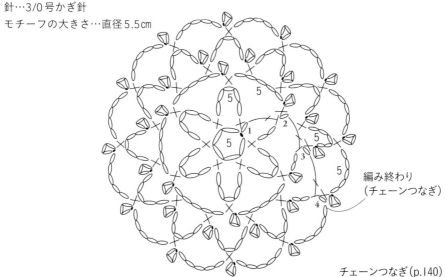

編み終わり
（チェーンつなぎ）

チェーンつなぎ(p.140)

round
motif

丸い
モチーフ

16 **17**

2種類の丸モチーフを交互に細長くつなげると、
おしゃれなミニマフラーに。

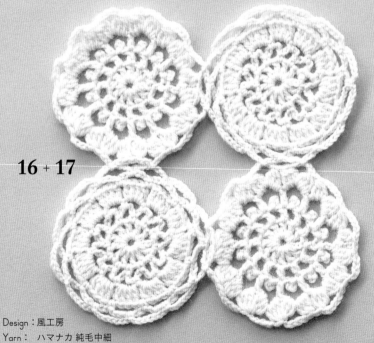

16 + 17

Design：風工房
Yarn： ハマナカ 純毛中細
How to make ⇒ p.25

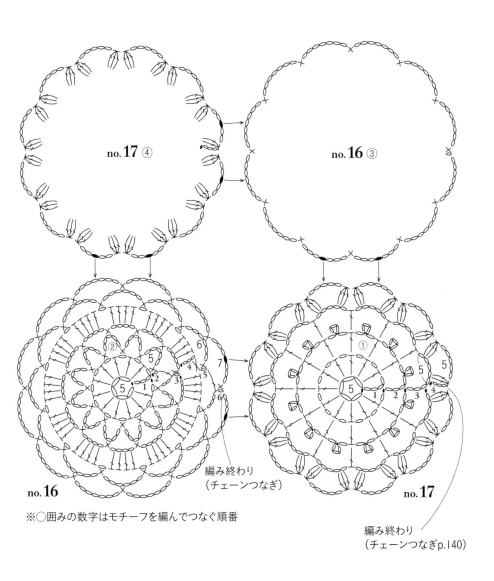

no. 16, 17

糸…ハマナカ 純毛中細
針…3/0号かぎ針
モチーフの大きさ…直径7.5㎝

no.17 ④

no.16 ③

no.16

no.17

編み終わり
（チェーンつなぎ）

編み終わり
（チェーンつなぎp.140）

※○囲みの数字はモチーフを編んでつなぐ順番

25

18

19

Design：岡本啓子
Yarn： ハマナカ アメリーエフ《合太》
How to make ⇒ p.28・29

21

20

22

23

27

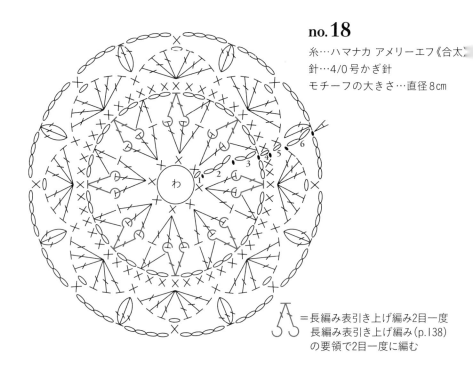

no.18

糸…ハマナカ アメリーエフ《合太》
針…4/0号かぎ針
モチーフの大きさ…直径8㎝

=長編み表引き上げ編み2目一度
長編み表引き上げ編み(p.138)
の要領で2目一度に編む

no.19

糸…ハマナカ アメリーエフ《合太》
針…4/0号かぎ針
モチーフの大きさ…直径8㎝

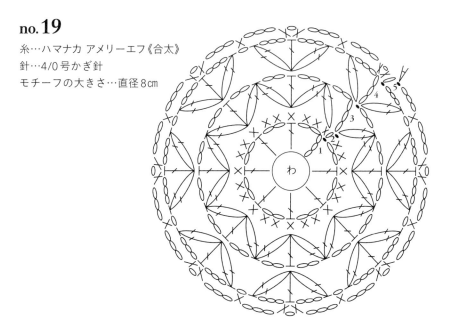

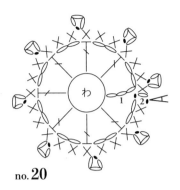

no.20

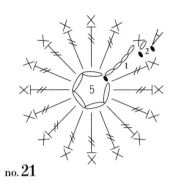

no.21

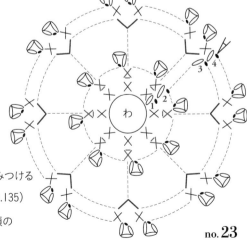

no.22

no.20, 21, 22, 23

糸…ハマナカ アメリーエフ《合太》
針…4/0号かぎ針
モチーフの大きさ… no.20 直径3.5㎝
no.21 直径4.5㎝
no.22 直径4㎝
no.23 直径3.5㎝

no.23

✕ =前段の頭の手前側の糸1本に編みつける

∨ = ✕✕こま編み2目編み入れる(p.135)

※3段めは前段を手前に倒し、前々段の頭の
残った1本に編みつける

round
motif

丸い
モチーフ

24

25

大小を組み合わせて。
小さなモチーフを輪郭にもつなげると、
愛らしいデザインに仕上がります。

24 + 25

Design：岡本啓子
Yarn： ハマナカ アメリーエフ《合太》
How to make ⇒ p.31

no. **24, 25**

糸…ハマナカ アメリーエフ《合太》
針…4/0号かぎ針
モチーフの大きさ… **no. 24** 直径8㎝
no. 25 直径3.5㎝

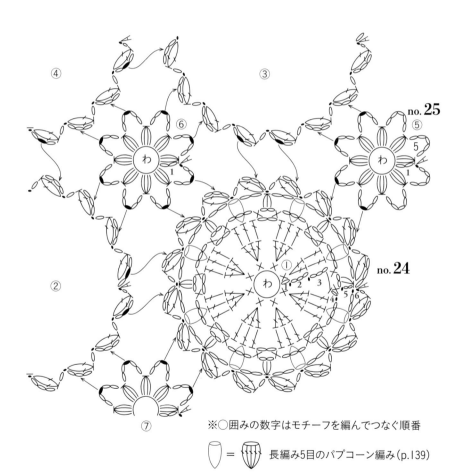

※◯囲みの数字はモチーフを編んでつなぐ順番

= 長編み5目のパプコーン編み(p.139)

※5段めの長編み5目のパプコーン編みは
　4段めを編みくるみながら3段めの長編みに編む

31

26

27

28

Design：岡本啓子
Yarn： ハマナカ アメリーエフ《合太》
How to make ⇒ p.34・35

最終段の編み方が異なるモチーフも、
つなぐ位置を調整すれば、美しいモチーフつなぎに。

26 + 27

no. 26, 27, 28

糸…ハマナカ アメリーエフ《合太》
針…4/0号かぎ針
モチーフの大きさ… 一辺が9cm

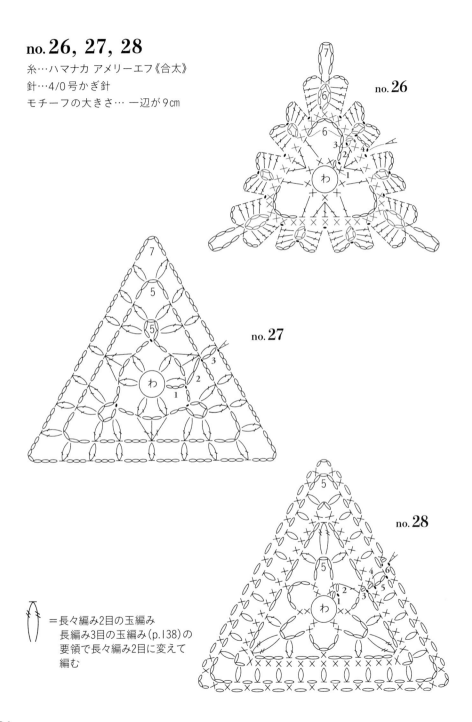

=長々編み2目の玉編み
長編み3目の玉編み(p.138)の
要領で長々編み2目に変えて
編む

no. **26** + **27**

糸…ハマナカ アメリーエフ《合太》
針…4/0号かぎ針
モチーフの大きさ… 一辺が9㎝

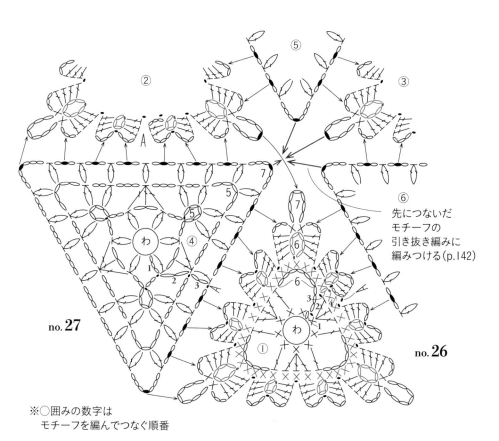

no.**27**

no.**26**

⑥
先につないだ
モチーフの
引き抜き編みに
編みつける(p.142)

※○囲みの数字は
モチーフを編んでつなぐ順番

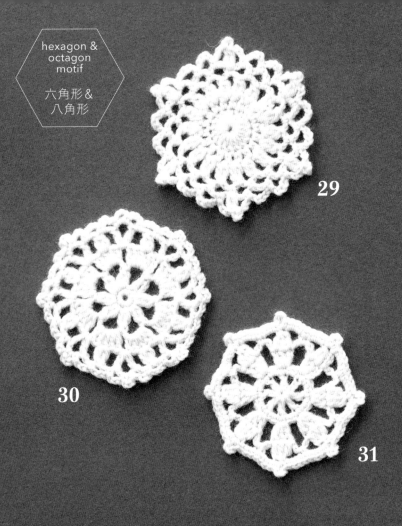

29

30

31

Design：風工房
Yarn： ハマナカ 純毛中細
How to make ⇒ p.38・39

32

33

34

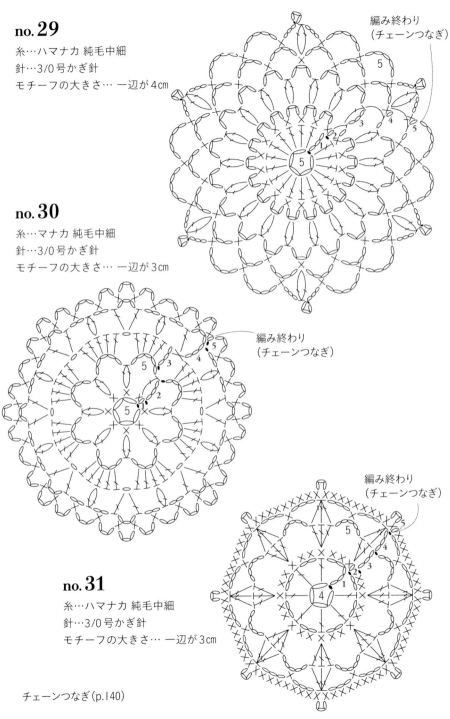

no.29

糸…ハマナカ 純毛中細
針…3/0号かぎ針
モチーフの大きさ… 一辺が4cm

no.30

糸…マナカ 純毛中細
針…3/0号かぎ針
モチーフの大きさ… 一辺が3cm

no.31

糸…ハマナカ 純毛中細
針…3/0号かぎ針
モチーフの大きさ… 一辺が3cm

編み終わり
（チェーンつなぎ）

チェーンつなぎ(p.140)

38

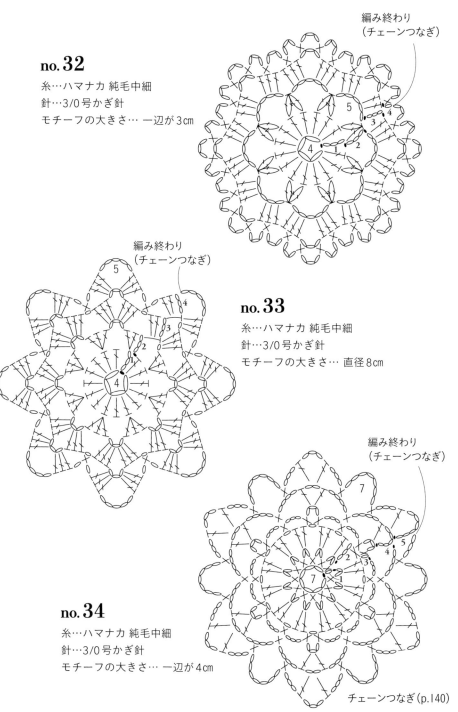

no. 32
糸…ハマナカ 純毛中細
針…3/0号かぎ針
モチーフの大きさ… 一辺が3㎝

編み終わり
（チェーンつなぎ）

編み終わり
（チェーンつなぎ）

no. 33
糸…ハマナカ 純毛中細
針…3/0号かぎ針
モチーフの大きさ… 直径8㎝

編み終わり
（チェーンつなぎ）

no. 34
糸…ハマナカ 純毛中細
針…3/0号かぎ針
モチーフの大きさ… 一辺が4㎝

チェーンつなぎ（p.140）

2種類の六角モチーフを横に一列ずつ配置しました。
斜めに一列ずつ交互につなげて
ストールに仕立てても素敵です。

35

36

35 + 36

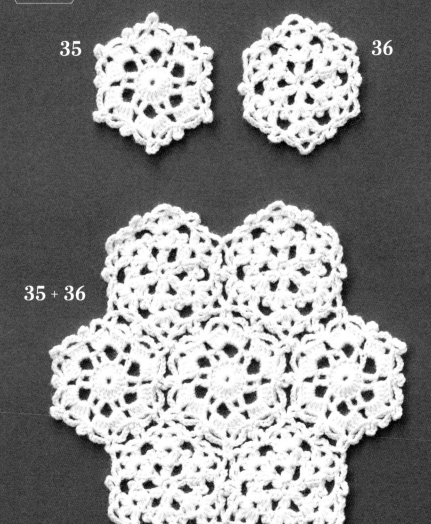

Design：風工房
Yarn： ハマナカ 純毛中細
How to make ⇒ p.41

no. 35, 36

糸…ハマナカ 純毛中細
針…3/0号かぎ針
モチーフの大きさ… 一辺が4cm

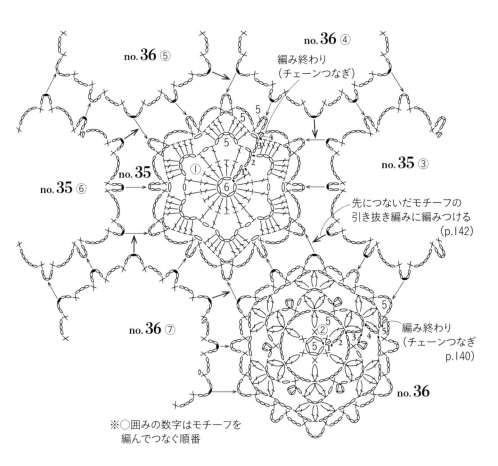

no.36 ⑤

no.36 ④
編み終わり
（チェーンつなぎ）

no.35 ③

no.35 ⑥

no.35

先につないだモチーフの
引き抜き編みに編みつける
（p.142）

no.36 ⑦

編み終わり
（チェーンつなぎ
p.140）

no.36

※○囲みの数字はモチーフを
　編んでつなぐ順番

41

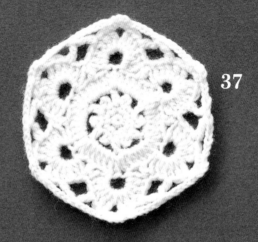

37

38

Design：橋本真由子
Yarn： **37・38** ハマナカ 純毛中細
39・40 ハマナカ アメリーエフ《合太》
How to make ⇒ p.44・45

39

40

no.37

糸…ハマナカ 純毛中細
針…3/0号かぎ針
モチーフの大きさ… 一辺が4.5㎝

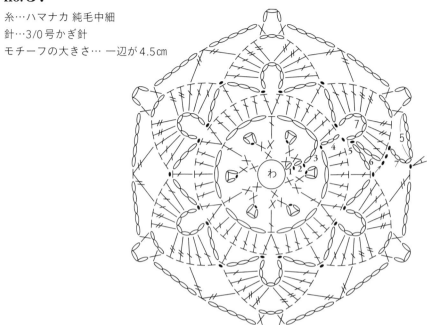

no.38

糸…ハマナカ 純毛中細
針…3/0号かぎ針
モチーフの大きさ… 直径8.5㎝

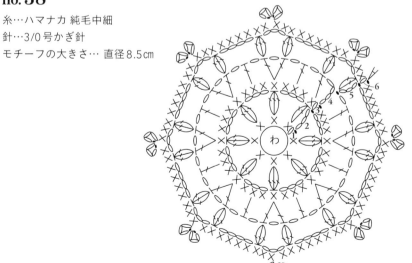

no. 39

糸…ハマナカ アメリーエフ《合太》
針…4/0号かぎ針
モチーフの大きさ… 一辺が4.5㎝

$\bigvee$ =長編み表引き上げ編み
　　と長編みを編み入れる

$\bigvee$ =長編みと長編み表引き
　　上げ編みを編み入れる

$\bigwedge$ =長編み表引き上げ編み2目一度
　　長編み表引き上げ編み(p.138)
　　の要領で2目一度に編む

no. 40

糸…ハマナカ アメリーエフ《合太》
針…4/0号かぎ針
モチーフの大きさ… 一辺が4.5㎝

$\bigvee$ =長編み裏引き上げ編み2目編み入れる
　　長編み裏引き上げ編み(p.138)の要領で
　　2目編み入れる

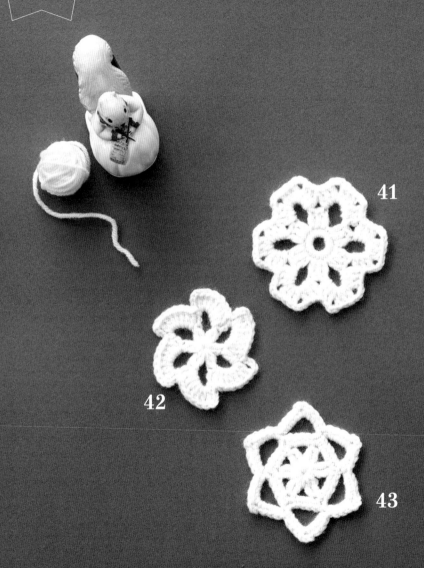

polygon
motif

多角形

41

42

43

Design：橋本真由子
Yarn： ハマナカ アメリー
How to make ⇒ p.47

no. 41

糸…ハマナカ アメリー
針…5/0号かぎ針
モチーフの大きさ… 直径8.5㎝

no. 42

糸…ハマナカ アメリー
針…5/0号かぎ針
モチーフの大きさ… 直径7㎝

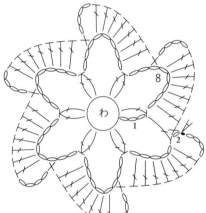

no. 43

糸…ハマナカ アメリー
針…5/0号かぎ針
モチーフの大きさ… 一辺が4.5㎝

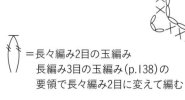

=長々編み2目の玉編み
長編み3目の玉編み(p.138)の
要領で長々編み2目に変えて編む

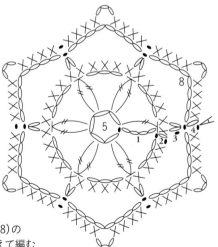

44

45

46

Design : 河合真弓
Yarn : **44・46** ハマナカ 純毛中細
45・47 ハマナカ アメリーエフ《合太》
48 ハマナカ アメリー
How to make ⇒ p.50・51

47

48

no.44

糸…ハマナカ 純毛中細
針…3/0号かぎ針
モチーフの大きさ… 一辺が3.5㎝

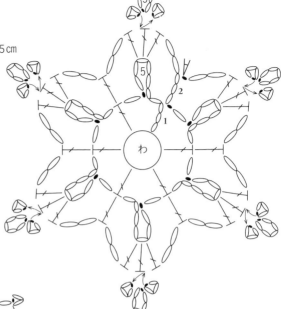

no.45

糸…ハマナカ アメリーエフ《合太》
針…4/0号かぎ針
モチーフの大きさ… 直径3.5㎝

no.46

糸…ハマナカ 純毛中細
針…3/0号かぎ針
モチーフの大きさ… 一辺が3.5㎝

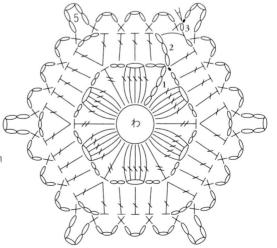

no.47

糸…ハマナカ アメリーエフ《合太》　　針…4/0号かぎ針
モチーフの大きさ… 一辺が5㎝

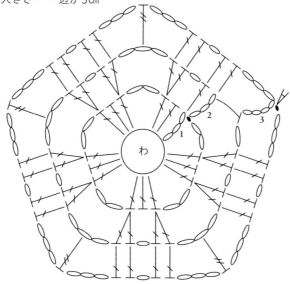

no.48

糸…ハマナカ アメリー　　針…5/0号かぎ針
モチーフの大きさ… 一辺が4㎝

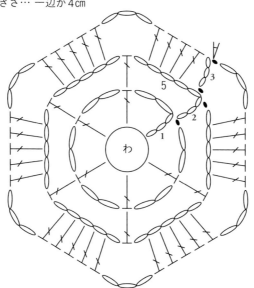

モチーフどうしの隙間が気になるときは、
大きなモチーフの間に小さなモチーフをつなぎ合わせて。

49 + 50

49

50

Design：河合真弓
Yarn： ハマナカ アメリーエフ《合太》
How to make ⇒ p.53

no. 49, 50

糸…ハマナカ アメリーエフ《合太》
針…4/0号かぎ針
モチーフの大きさ… **no. 49** 3㎝角
no. 50 直径7㎝

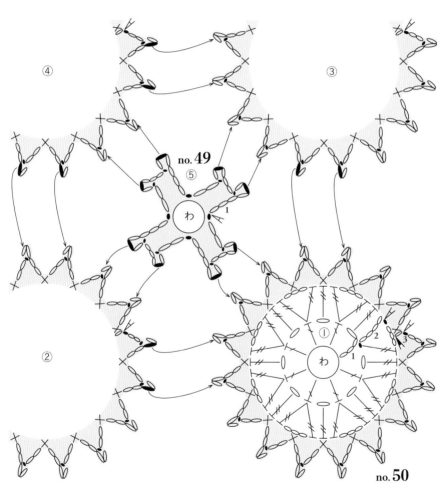

※○囲みの数字はモチーフを編んでつなぐ順番

51

5

51 + 5

多角形のモチーフに **no.5** の四角いモチーフをつなぎました。
形の異なるモチーフを組み合わせると、デザインの幅が広がります。

Design ：河合真弓
Yarn ： ハマナカ アメリー
How to make ⇒ p.55

no. 51, 5

糸…ハマナカ アメリー
針…5/0号かぎ針
モチーフの大きさ… **no. 51** 7.5cm
　　　　　　　　no. 5 3cm角

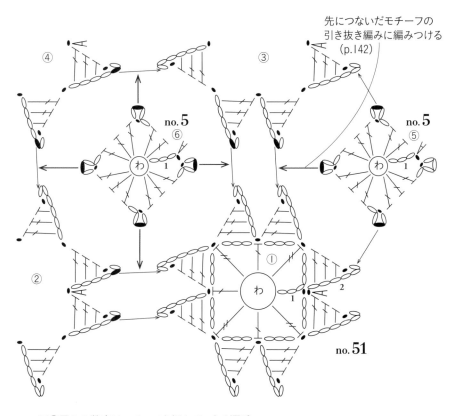

先につないだモチーフの
引き抜き編みに編みつける
(p.142)

※○囲みの数字はモチーフを編んでつなぐ順番

snowflake
motif

雪の結晶

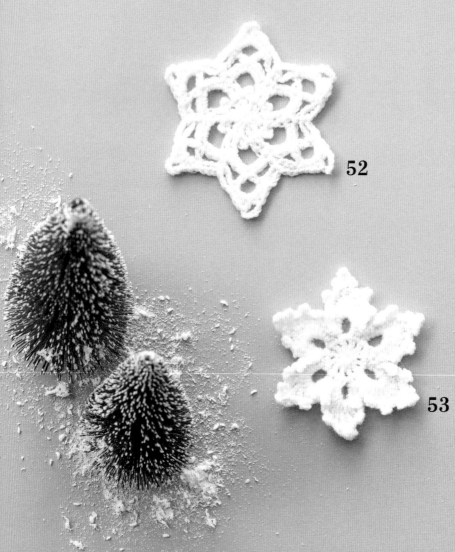

52

53

54

55

Design：橋本真由子
Yarn： ハマナカ 純毛中細
How to make ⇒ p.60・61

snowflake
motif

雪の結晶

56

57

58

Design：遠藤ひろみ
Yarn： ハマナカ 純毛中細
How to make ⇒ p.59

no.56

糸…ハマナカ 純毛中細
針…3/0号かぎ針
モチーフの大きさ… 一辺が5㎝

no.57

糸…ハマナカ 純毛中細
針…3/0号かぎ針
モチーフの大きさ… 一辺が4㎝

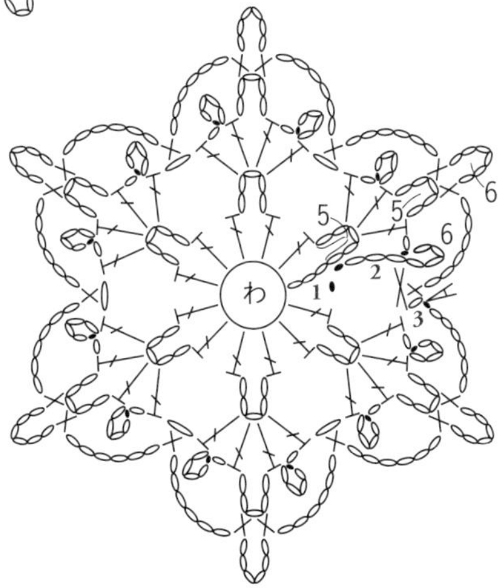

no.58

糸…ハマナカ 純毛中細
針…3/0号かぎ針
モチーフの大きさ… 一辺が3.5㎝

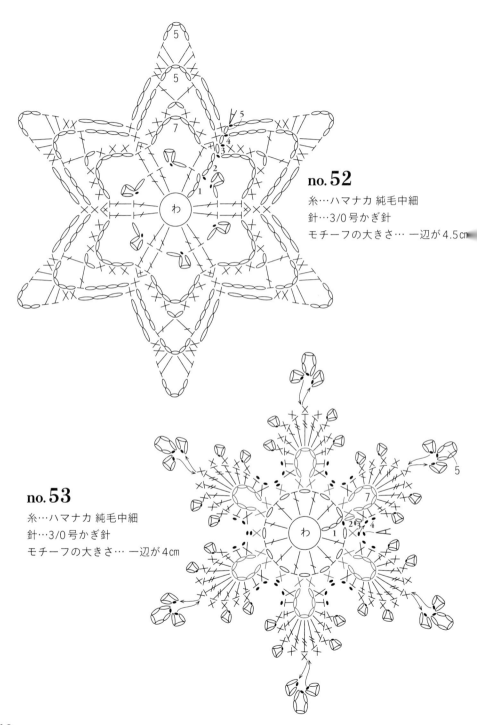

no.52

糸…ハマナカ 純毛中細
針…3/0号かぎ針
モチーフの大きさ… 一辺が4.5㎝

no.53

糸…ハマナカ 純毛中細
針…3/0号かぎ針
モチーフの大きさ… 一辺が4㎝

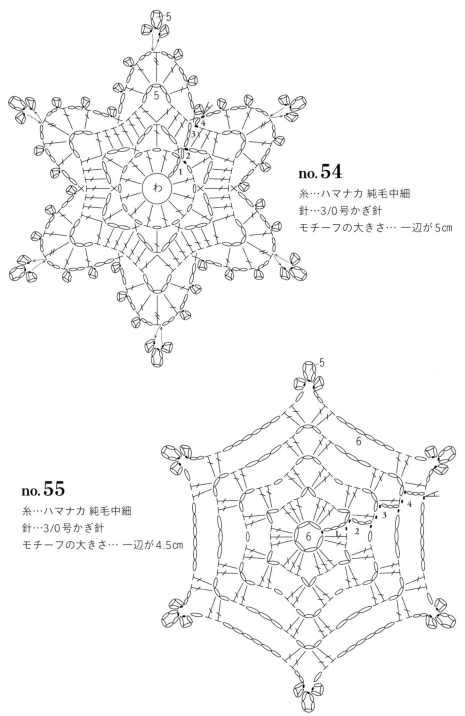

no.54

糸…ハマナカ 純毛中細
針…3/0号かぎ針
モチーフの大きさ… 一辺が5cm

no.55

糸…ハマナカ 純毛中細
針…3/0号かぎ針
モチーフの大きさ… 一辺が4.5cm

59

60

Design：遠藤ひろみ
Yarn： ハマナカ 純毛中細
How to make ⇒ p.64・65

61

62

no.59

糸…ハマナカ 純毛中細
針…3/0号かぎ針
モチーフの大きさ… 直径6.5㎝

no.60

糸…ハマナカ 純毛中細
針…3/0号かぎ針
モチーフの大きさ… 直径7㎝

no.61

糸…ハマナカ 純毛中細
針…3/0号かぎ針
モチーフの大きさ… 直径6.5㎝

no.62

糸…ハマナカ 純毛中細
針…3/0号かぎ針
モチーフの大きさ… 直径5㎝

63

64

65

66

Design：河合真弓
Yarn： **63** ハマナカ アメリー
　　　　ハマナカ アメリーエフ《合太》
　　　64 ハマナカ アメリーエフ《合太》
　　　65 ハマナカ 純毛中細
　　　66 ハマナカ アメリー
How to make ⇒ p.68・69

no.63

糸…1、2段め／ハマナカ アメリー　飾り／ハマナカ アメリーエフ《合太》
針…1、2段め／5/0号　飾り／4/0号かぎ針
モチーフの大きさ…直径5.5㎝

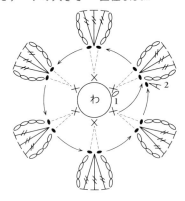

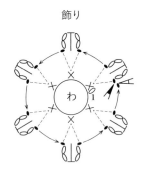

飾り

※2段めはすべて1段めの頭の向こう側1本に
　編みつける

※すべて1段めの頭の残った1本に編む

 = 長々編み3目編み入れる
　　長編み2目編み入れる(p.135)の
　　要領で長々編み3目に変えて編む

no.64

糸…ハマナカ アメリーエフ《合太》
針…4/0号かぎ針
モチーフの大きさ…直径5㎝

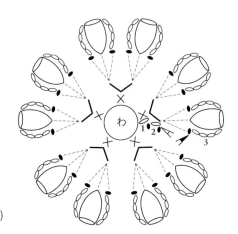

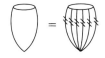 こま編み2目
編み入れる(p.135)

= 長々編み6目のパプコーン編み
　長編み5目のパプコーン編み(p.139)の
　要領で長々編み6目に変えて編む

no. 65

糸…ハマナカ 純毛中細
針…3/0号かぎ針
モチーフの大きさ… 直径4.5㎝

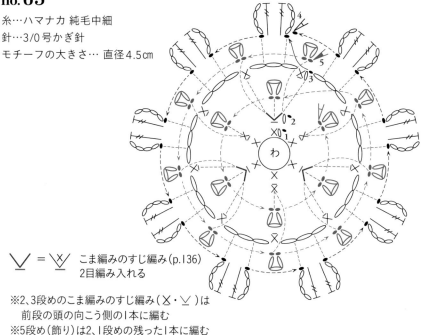

$\vee$ = こま編みのすじ編み(p.136)
2目編み入れる

※2、3段めのこま編みのすじ編み(╳・∨)は
　前段の頭の向こう側の1本に編む
※5段め(飾り)は2、1段めの残った1本に編む

no. 66

糸…ハマナカ アメリー
針…5/0号かぎ針
モチーフの大きさ… 直径7.5㎝

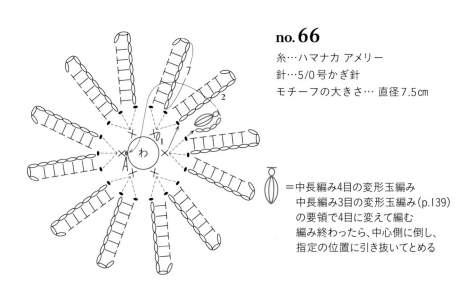

=中長編み4目の変形玉編み
中長編み3目の変形玉編み(p.139)
の要領で4目に変えて編む
編み終わったら、中心側に倒し、
指定の位置に引き抜いてとめる

flower
motif

花の
モチーフ

67

68

69

70

Design：橋本真由子
Yarn ： **67・68・69・72・73** ハマナカ アメリー
　　　　 70・71 ハマナカ アメリーエフ《合太》
How to make ⇒**67〜69** p.72・73
　　　　　　 70〜73 p.74・75

71

72

73

no.67

糸…ハマナカ アメリー
針…5/0号かぎ針
モチーフの大きさ… 直径9㎝

※3段めは2段めの 　　部分を手前に倒して編む
※⑦をくるくる巻いて中心にし、①〜⑥をまわりに並べる

72

no. 68

糸…ハマナカ アメリー
針…5/0号かぎ針
モチーフの大きさ… 直径7.5㎝

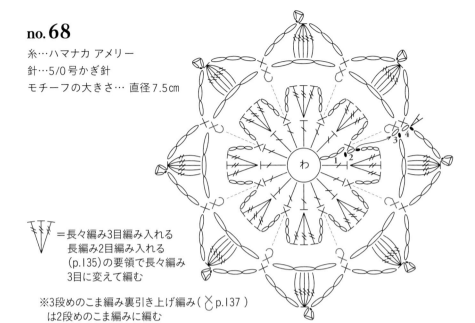

＝長々編み3目編み入れる
長編み2目編み入れる
(p.135)の要領で長々編み
3目に変えて編む

※3段めのこま編み裏引き上げ編み(　p.137)
　は2段めのこま編みに編む

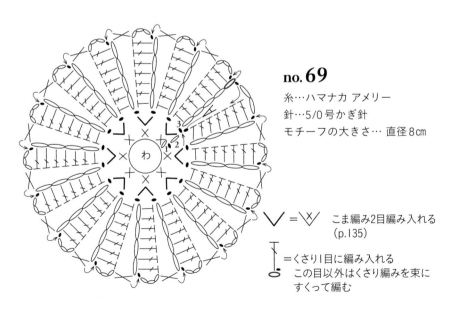

no. 69

糸…ハマナカ アメリー
針…5/0号かぎ針
モチーフの大きさ… 直径8㎝

＝　　　こま編み2目編み入れる
　　　　(p.135)

＝くさり1目に編み入れる
　この目以外はくさり編みを束に
　すくって編む

※3段めのくさり編みは1枚めのみ5目編む

no.70

糸…ハマナカ アメリーエフ《合太》　　針…4/0号かぎ針
モチーフの大きさ… 直径7.5㎝

= 中長編み4目の変形玉編み
中長編み3目の変形玉編み(p.139)
の要領で中長編み4目を編む

※4、6段めのこま編みは前段を手前に倒して編む

no.72

糸…ハマナカ アメリー
針…5/0号かぎ針
モチーフの大きさ… 直径7.5㎝

※4段めは2、3段めを手前に倒し、
1段めのこま編みに編む

no. 71

糸…ハマナカ アメリーエフ《合太》　　針…4/0号かぎ針
モチーフの大きさ… 直径8㎝

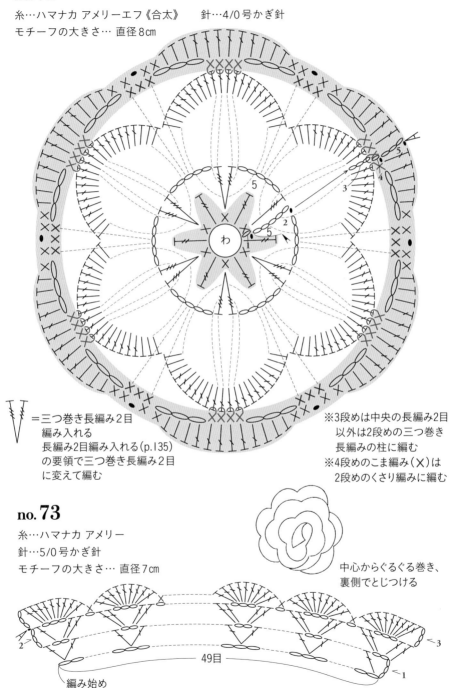

=三つ巻き長編み2目
編み入れる
長編み2目編み入れる(p.135)
の要領で三つ巻き長編み2目
に変えて編む

※3段めは中央の長編み2目
以外は2段めの三つ巻き
長編みの柱に編む
※4段めのこま編み(✕)は
2段めのくさり編みに編む

no. 73

糸…ハマナカ アメリー
針…5/0号かぎ針
モチーフの大きさ… 直径7㎝

中心からぐるぐる巻き、
裏側でとじつける

49目

編み始め

74

75

76

Design：岡本啓子

Yarn： ハマナカ アメリーエフ《合太》

How to make ⇒ **74**　p.77

75　p.78
76　p.79

no.74

糸…ハマナカ アメリーエフ《合太》
針…4/0号かぎ針
モチーフの大きさ… 直径8㎝

=中長編み4目のパプコーン編み
　長編み5目のパプコーン編み(p.139)の要領で
　中長編み4目に変えて編む
※3段めの長編み2目一度は前段の目と目の間に編む
※4段めの引き抜き編み(●)は3段めの頭の手前側の糸1本に編む
　5段めのこま編み(✕)は3段めの頭の残った1本に編む

no.75

糸…ハマナカ アメリーエフ《合太》
針…4/0号かぎ針
モチーフの大きさ…直径8.5㎝

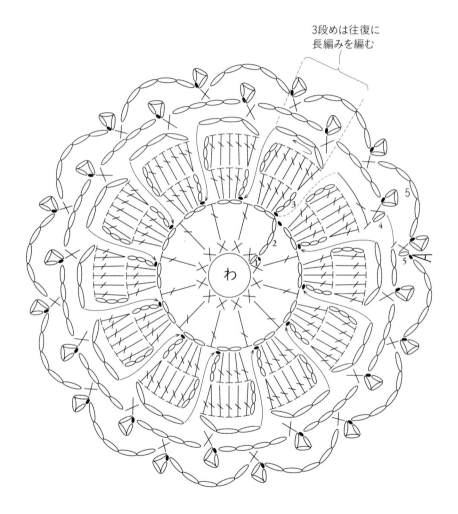

3段めは往復に
長編みを編む

no.76

糸…ハマナカ アメリーエフ《合太》
針…4/0号かぎ針
モチーフの大きさ… 直径8㎝

$\vee$ ＝ $\vee\!\!\!\!\vee$　こま編み2目編み入れる(p.135)

※7段めは前段、前々段を手前に倒し、4段めに編みつける
※13段めは前段、前々段を手前に倒し、10段めに編みつける

3

好きな長さに編める連続モチーフ

糸を切らずに続けて編めるモチーフは、
マフラーやストールの縁取り、インテリアの装飾に。

77

78

continuous
crochet
motifs

連続に編む
モチーフ

79

Design：風工房
Yarn： ハマナカ 純毛中細
How to make ⇒ p.82・83

80

80

81

82

no. 77～82

糸…ハマナカ 純毛中細
針…3/0号かぎ針
モチーフ1模様… no. 77 5cm　no. 78 2.5cm　no. 79 2cm
　　　　　　　no. 80 4.5cm　no. 81 1.5cm　no. 82 1.5cm

no. 77

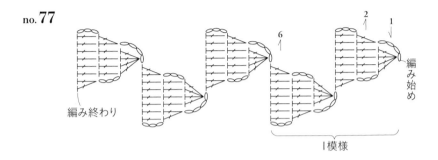

no. 78

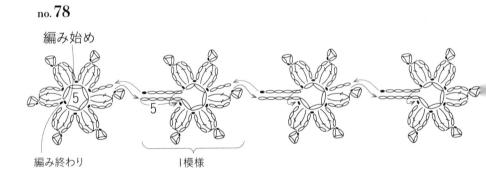

no. 79

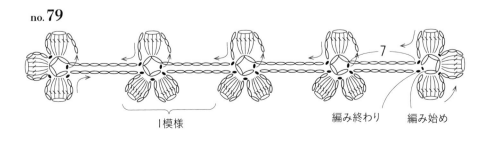

82

no. **80**

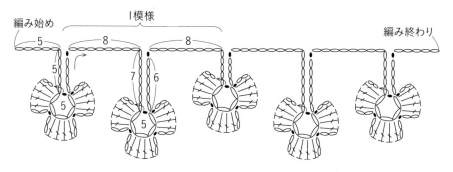

no. **81**

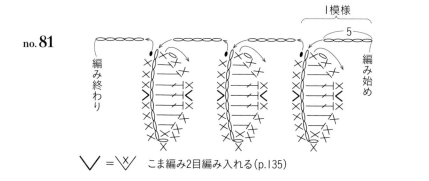

$\bigvee = \underset{\times\,\times}{\vee}$ こま編み2目編み入れる(p.135)

no. **82**

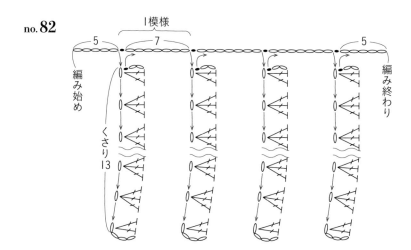

83

84

85

Design：橋本真由子
Yarn： ハマナカ 純毛中細
How to make ⇒ p.86・87

86

87

88

no. 83～88

糸…ハマナカ 純毛中細
針…3/0号かぎ針
モチーフ1模様… **no. 83** 2cm **no. 84** 1.4cm **no. 85** 3cm
no. 86 2cm **no. 87** 2cm **no. 88** 3.5cm

no. 83

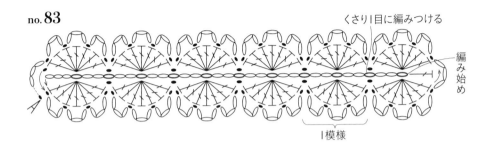

くさり1目に編みつける
編み始め
1模様

no. 84

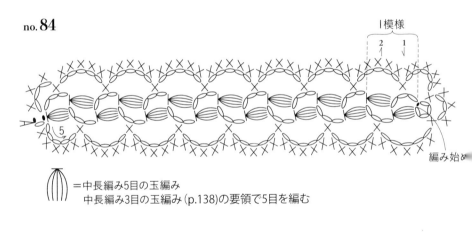

1模様
2 1
5
編み始め

= 中長編み5目の玉編み
中長編み3目の玉編み (p.138)の要領で5目を編む

no. 85

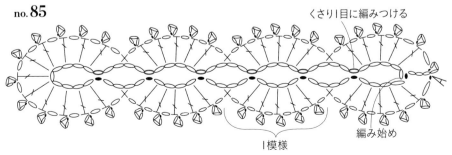

くさり1目に編みつける
編み始め
1模様

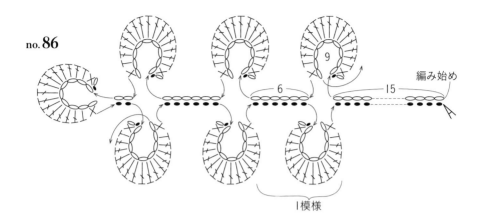

no.86

6

15

編み始め

9

1模様

no.87

編み始め

5

くさり1目に
編みつける

1模様

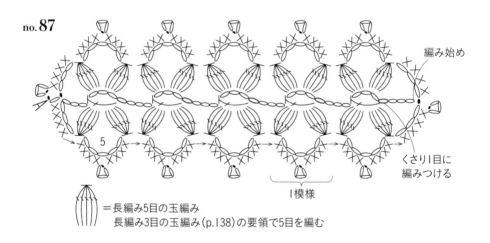

＝長編み5目の玉編み
長編み3目の玉編み(p.138)の要領で5目を編む

no.88

編み始め

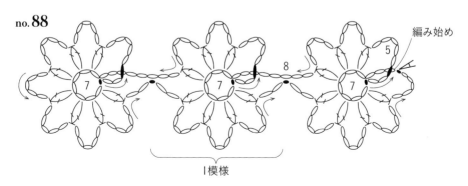

5

8

7

7

7

1模様

87

ブレスレット

手首まわりに合わせて編み、
小さなボタンをつければでき上がり。
ボタン穴は模様を生かしてとめる
かんたん仕上げ。

ピアス

巻貝のようなモチーフは、
金具をつければ華やかなピアスに。
アクセントカラーや
ラメの糸を使っても素敵です。

Design：ブレスレット　橋本真由子
　　　　ピアス　風工房
Yarn：　ハマナカ 純毛中細
How to make ⇒ p.89

ブレスレット　写真 p.88

◎**糸**…ハマナカ 純毛中細 (40g 玉巻) ナチュラルホワイト (1) 3g
◎**針**…3/0号かぎ針
◎**その他**…直径0.7cmのボタン1個
◎**モチーフ1模様**…1.4cm
◎**サイズ**…長さ17cm
◎**編み方**…モチーフno.84 (p.84) の応用です。糸は1本どりで編みます。モチーフはくさり
　　編み4目を作り目して輪にし、図のように編みます。ボタンをつけます。

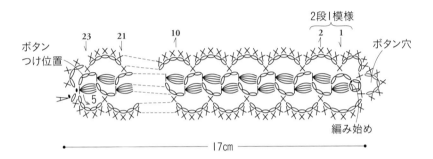

ピアス

◎**糸**…ハマナカ 純毛中細 (40g 玉巻) ブルーグレー (34) 3g
◎**針**…3/0号かぎ針
◎**その他**…ピアス金具1組
◎**モチーフ1模様**…1.5cm
◎**サイズ**…長さ10cm (金具を除く)
◎**編み方**…モチーフno.82 (p.81) の応用です。糸は1本どりで編みます。モチーフは図のよ
　　うに編み、金具をつけます。

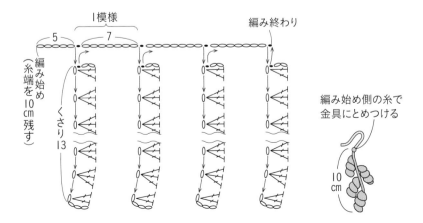

4

色合わせを楽しむ

モチーフ編みは、同じ編み方でも色を組み合わせると違った表情が楽しめます。
1段ごとに、2色を交互に、と色合わせの参考にしてください。

89

Design：lunedi777
Yarn： ハマナカ 純毛中細
How to make ⇒ p.97

カラーバリエーション
Color variations

91

90

Design：lunedi777
Yarn： ハマナカ 純毛中細
How to make ⇒ p.97

91

Design : lunedi777
Yarn : ハマナカ 純毛中細
How to make ⇒ p.98

バッグ

no.89 のモチーフをつなぎ合わせて。
カラフルな多色使いも、
グレーをベースカラーにすることで、
スタイリッシュな印象に。

Design：lunedi777
Yarn： ハマナカ 純毛中細
How to make ⇒ p.98〜101

no.89

糸…ハマナカ 純毛中細　　針…3/0号かぎ針　　モチーフの大きさ…6.5㎝角

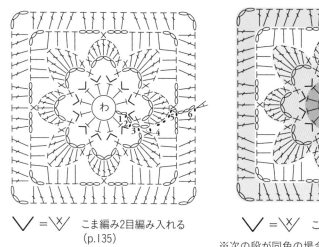

∨ = ⋁　こま編み2目編み入れる
　　　　　　（p.135）

∨ = ⋁　こま編み2目編み入れる

※次の段が同色の場合は糸を切らずに続けて編む

no.90

糸…ハマナカ 純毛中細　　針…3/0号かぎ針　　モチーフの大きさ…直径6.5㎝

※4段めのこま編み（✗）は目と目の間に編む

※4段めのこま編み（✗）は目と目の間に編む
※次の段が同色の場合は糸を切らずに続けて
　編む

no. 91

糸…ハマナカ 純毛中細 　　針…3/0号かぎ針 　　モチーフの大きさ…一辺が3.5㎝

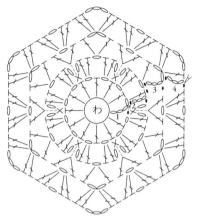

※次の段が同色の場合は
糸を切らずに続けて編む

バッグ　写真 p. 96

◎**糸**…ハマナカ 純毛中細（40g 玉巻）グレー（27）80g　ピュアホワイト（26）25g
　　ブルーグリーン（39）、ダークレッド（11）、ナチュラルブラウン（46）、
　　ピンク（31）、ブルーグレー（34）、イエローオーカー（43）、
　　スプリンググリーン（22）、キャメル（4）各10g

◎**針**…3/0号かぎ針

◎**モチーフの大きさ**…6.5㎝角

◎**サイズ**…図参照

◎**編み方**…モチーフno.89（p.90）の応用で
す。糸は1本どりで、指定の色で編みます。
モチーフは糸端を輪にし（p.132）、図のよ
うに編みます。44枚編み、グレーで横、縦
の順に半目の巻きかがりでつなぎます。
入れ口にこま編みを7段編み、続けて入
れ口と持ち手をこま編みで編みますが、
最終段は引き抜き編みで編みます。持ち
手の内側に引き抜き編みを編みます。

モチーフ

 ＝ こま編み2目編み入れる
（p.135）

寸法配置図

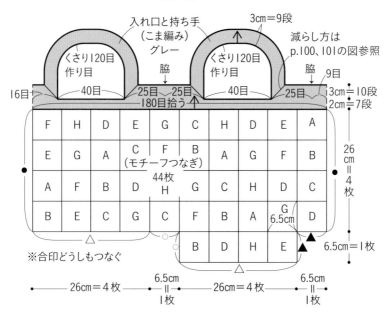

入れ口と持ち手
（こま編み）
グレー

3cm＝9段

減らし方は
p.100、101の図参照

くさり120目
作り目

くさり120目
作り目

脇

脇

9目

16目　40目　25目　25目　40目　25目　3cm＝10段
180目拾う　　　　　　　　　　　　　　　　　2cm＝7段

F	H	D	E	G	C	H	D	E	A
E	G	A	C（モチーフつなぎ）F	B	A	G	F	B
A	F	B	D	44枚 H	G	C	H	D	C
B	E	C	G	C	F	B	A	G 6.5cm	D
				B	D	H	E		

26cm＝4枚

6.5cm＝1枚

6.5cm＝1枚

※合印どうしもつなぐ

26cm＝4枚　6.5cm＝1枚　26cm＝4枚　6.5cm＝1枚

仕上げ方

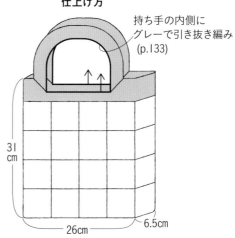

持ち手の内側に
グレーで引き抜き編み
(p.133)

31cm

26cm　6.5cm

配色と枚数表

	A 5枚	B 6枚	C 6枚	D 6枚	E 5枚	F 5枚	G 6枚	H 5枚
6段め	グレー	グレー	グレー	グレー	グレー	グレー	グレー	グレー
5段め	ピュアホワイト	ピュアホワイト	ピュアホワイト	ピュアホワイト	ピュアホワイト	ピュアホワイト	ピュアホワイト	ピュアホワイト
3、4段め	ダークレッド	ピンク	イエローオーカー	ブルーグリーン	キャメル	ブルーグレー	スプリンググリーン	ナチュラルブラウン
1、2段め	ブルーグリーン	ナチュラルブラウン	ブルーグレー	ダークレッド	スプリンググリーン	イエローオーカー	キャメル	ピンク

くさり120目作り目

中央

∧ = ⋀ こま編み2目一度(p.136)
3段め以降は間の1目はとばす
※入れ口のこま編みはモチーフ1枚から18目ずつ拾う

脇

←10
←2
←1
←7
←5
←2
←1

入れ口と持ち手

入れ口

E

A

F

B

※グレーで横、縦の順に半目の巻きかがり(p.140)

5

モチーフを組み合わせる

no. 92〜103のグラニーモチーフは、最終段の編み方を揃えて同サイズに。
自由自在に組み合わせが楽しめるデザインです。

92

combine
motif

組み合わせる

93

Design：岡まり子
Yarn： ハマナカ アメリー
How to make ⇒ p.104・105

94

95

no. 92〜95

糸…ハマナカ アメリー　　　針…6/0号かぎ針　　　モチーフの大きさ…10cm角

no. 92（A）

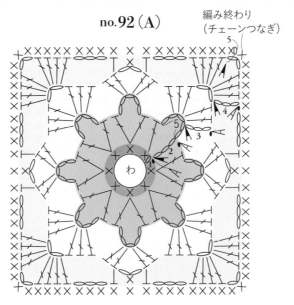

編み終わり
（チェーンつなぎ）

no. 93（B）

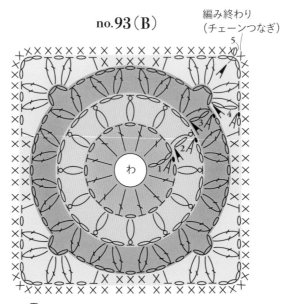

編み終わり
（チェーンつなぎ）

チェーンつなぎ(p.140)　　　$\bigcirc$ =中長編み2目の変形玉編み
中長編み3目の変形玉編み(p.139)の要領で2目を編む

no.94（C）

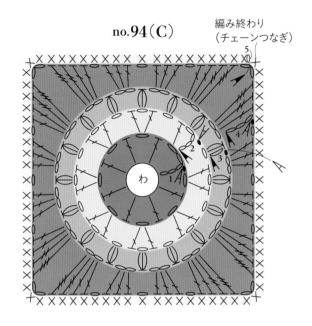

編み終わり
（チェーンつなぎ）

わ

no.95（D）

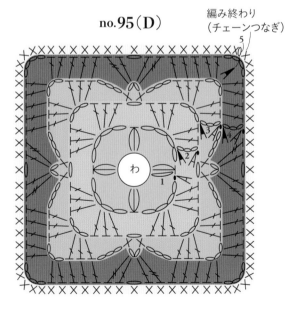

編み終わり
（チェーンつなぎ）

わ

チェーンつなぎ（p.140）

96

97

combine
motif

組み合わせる

Design：岡まり子
Yarn： ハマナカ アメリー
How to make ⇒ p.108・109

98

99

no. 96〜99

糸…ハマナカ アメリー　　針…6/0号かぎ針　　モチーフの大きさ…10cm角

no.96（E）

編み終わり
（チェーンつなぎ）

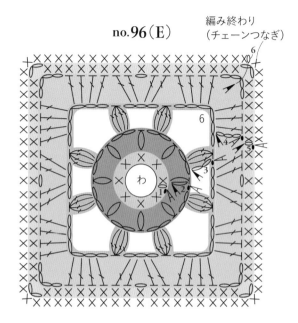

no.97（F）

編み終わり
（チェーンつなぎ）

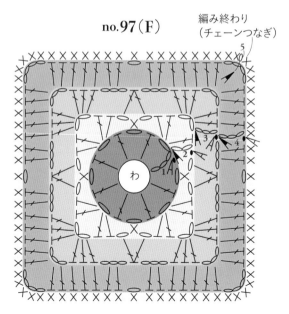

チェーンつなぎ(p.140)

no.98（G）

編み終わり
（チェーンつなぎ）

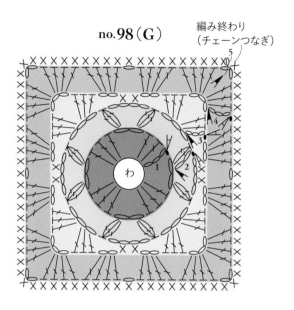

no.99（H）

編み終わり
（チェーンつなぎ）

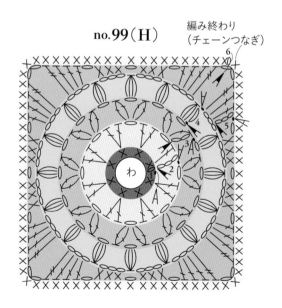

チェーンつなぎ (p.140)

100

101

Design：岡まり子
Yarn： ハマナカ アメリー
How to make ⇒ p.112・113

102

103

no.100〜103

糸…ハマナカ アメリー　　針…6/0号かぎ針　　モチーフの大きさ…10㎝角

no.100（Ⅰ）

編み終わり
（チェーンつなぎ）

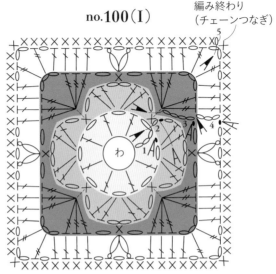

=中長編み2目の変形玉編み
中長編み3目の変形玉編み(p.139)の要領で2目を編む

no.101（J）

編み終わり
（チェーンつなぎ）

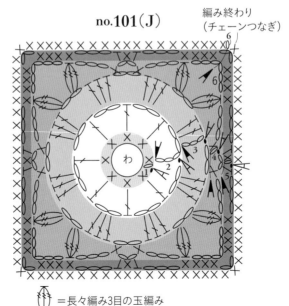

=長々編み3目の玉編み
長編み3目の玉編み(p.138)の要領で長々編みに変えて編む

チェーンつなぎ(p.140)

no.102（K）

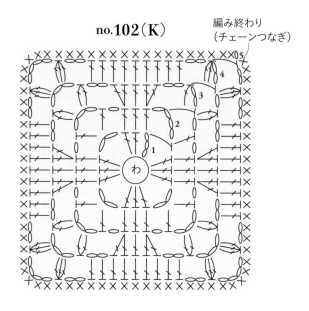

編み終わり
（チェーンつなぎ）

no.103（L）

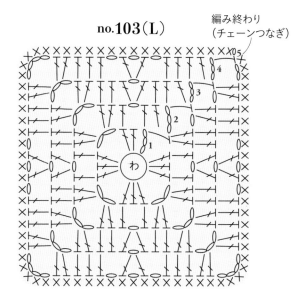

編み終わり
（チェーンつなぎ）

チェーンつなぎ(p.140)

ブランケット

no.92～103の12種類のモチーフを使って
ブランケットに。
モチーフは1枚ずつ編みためて、
最後に巻きかがりでつなぎ合わせます。

Design：岡まり子
Yarn： ハマナカ アメリー
How to make ⇒ p.116・117

ブランケット　写真p.114・115

◎糸…ハマナカ アメリー（40g玉巻）ベージュ（21）210g　オレンジ（4）15g　ピンク（7）、
　チャイナブルー（29）、グラスグリーン（13）各13g　スプリンググリーン（33）12g
　コーンイエロー（31）、プラムレッド（32）各11g　バーミリオン（55）7g
　パープルヘイズ（35）、グレイッシュローズ（26）各6g　コーラルピンク（27）、
　レモンイエロー（25）各5g　ピーチピンク（28）、ピーコックグリーン（47）各3g
◎針…6/0号かぎ針
◎モチーフの大きさ…10cm角
◎サイズ…90cm×60cm
◎編み方…モチーフno.92～no.103（p.102～111）の応用です。糸は1本どりで編みます。
　モチーフは糸端を輪にし（p.132）、指定の色で編みます。寸法配置図を参照し、ベージュ
　で縦、横の順に全目の巻きかがりでつなぎます。

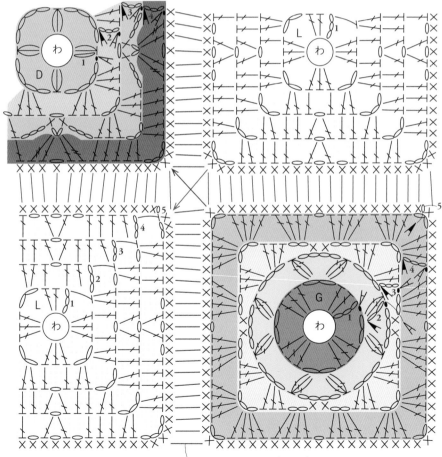

ベージュで縦、横の順に全目の巻きかがり（p.140）

寸法配置図

L	D	K	J	L	F	K	B	L
A	K	G	L	C	K	I	L	E
K	E	L	A	K	G	L	C	K
B	L	H	K	D	L	J	K	F
L	F	K	B	L	H	K	D	L
C	K	I	L	E	K	A	L	G

60cm＝6枚　90cm＝9枚　10cm×10cm

配色と枚数表

	A 3枚	B 3枚	C 3枚	D 3枚	E 3枚	F 3枚
6段め					ベージュ	
5段め	ベージュ	ベージュ	ベージュ	ベージュ	チャイナブルー	ベージュ
4段め	コーンイエロー	スプリンググリーン	プラムレッド	グレイッシュローズ	グラスグリーン	オレンジ
3段め	ベージュ	バーミリオン	オレンジ	グラスグリーン	オレンジ	チャイナブルー
2段め	ピンク	チャイナブルー	コーンイエロー	チャイナブルー	プラムレッド	ピーチピンク
1段め	バーミリオン	オレンジ	パープルヘイズ	ピンク	ピンク	プラムレッド

	G 3枚	H 2枚	I 2枚	J 2枚	K 13枚	L 14枚
6段め		ベージュ		ベージュ		
5段め	ベージュ	グラスグリーン	ベージュ	パープルヘイズ		
4段め	ピンク	スプリンググリーン	レモンイエロー	ピーコックグリーン	ベージュ	ベージュ
3段め	コーンイエロー	コーラルピンク	パープルヘイズ	コーラルピンク		
2段め	スプリンググリーン	ピーチピンク	ピンク	レモンイエロー		
1段め	プラムレッド	グレイッシュローズ	コーンイエロー	チャイナブルー		

117

104

105

106

107

108

Design：青木恵理子
Yarn： **104・105** ハマナカ ウオッシュコットン クロッシェ《ラメ》
　　　106～113 ハマナカ ウオッシュコットン《クロッシェ》
How to make ⇒**104～108** p.120・121
　　　　　　109・110 p.122
　　　　　　111 p.123
　　　　　　112 p.124
　　　　　　113 p.125

109

111

110

112

113

no.104 雲

糸…ハマナカ ウオッシュコットンクロッシェ《ラメ》 白系（401）
針…3/0号かぎ針
モチーフの大きさ… 幅5.5㎝

no.105 太陽

糸…ハマナカ ウオッシュコットンクロッシェ《ラメ》
　　　イエロー系（406）
針…3/0号かぎ針
モチーフの大きさ… 直径5㎝

編み始め

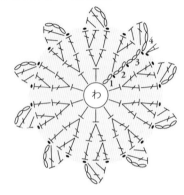

no.106 コアラ

糸…ハマナカ ウオッシュコットン《クロッシェ》
　　　グレー（149）、黒（120）
針…3/0号かぎ針
その他…縫い糸
モチーフの大きさ… 幅6㎝

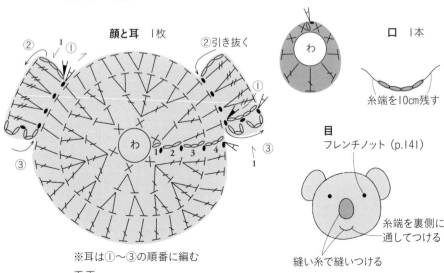

顔と耳　1枚

②引き抜く

※耳は①〜③の順番に編む

鼻　1枚

口　1本

糸端を10㎝残す

目
フレンチノット（p.141）

糸端を裏側に
通してつける

縫い糸で縫いつける

$\bigvee$ ＝長々編み2目編み入れる
　　　長編み2目編み入れる(p.135)の要領で長々編みに変えて編む

no.**107** ハシビロコウ

糸…ハマナカ ウオッシュコットン《クロッシェ》
　　グレー（149）、イエロー（141）、白（101）、黒（120）
針…3/0号かぎ針
その他…縫い糸
モチーフの大きさ… 幅4.5cm

顔 1枚

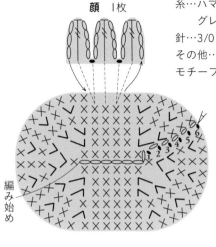

$\vee$ = $\underset{\vee}{\vee}$ 　こま編み2目編み入れる（p.135）

$\wedge$ = $\underset{\wedge}{\wedge}$ 　こま編み2目一度（p.136）

口ばし 1枚

あとから白で
引き抜き編み

目 2枚

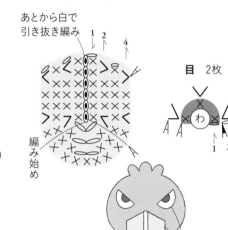

縫い糸で
縫いつける

no.**108** パンダ

糸…ハマナカ ウオッシュコットン《クロッシェ》　白（101）、黒（120）
針…3/0号かぎ針
その他…縫い糸、手芸用ボンド
モチーフの大きさ… 幅5.5cm

顔と耳 1枚

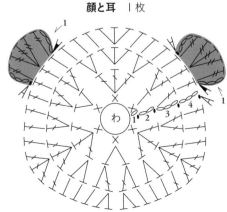

目のまわり 2枚

鼻と口 1本

糸端10cm残す

目

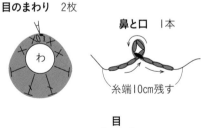

10cmの白の糸を
ひと結びし、糸端
2本を裏側に通して
ボンドでとめる

縫い糸で縫いつける

糸端を裏側に
通してつける

121

no.109　レジ袋型エコバッグ

糸…ハマナカ ウオッシュコットン
　　　《クロッシェ》
　　　白（101）、ブルー（124）
針…3/0号かぎ針
大きさ…丈8㎝

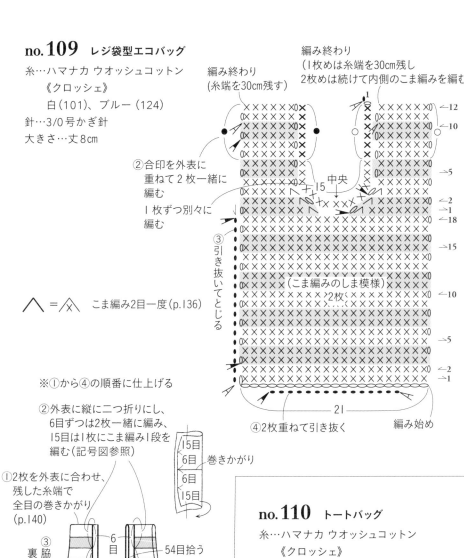

②合印を外表に
重ねて2枚一緒に
編む

1枚ずつ別々に
編む

編み終わり
（糸端を30㎝残す）

編み終わり
（1枚めは糸端を30㎝残し
2枚めは続けて内側のこま編みを編む

③引き抜いてとじる

中央

（こま編みのしま模様）

2枚

21

④2枚重ねて引き抜く

編み始め

⎤＝⎤⎤　こま編み2目一度（p.136）

※①から④の順番に仕上げる

②外表に縦に二つ折りにし、
6目ずつは2枚一緒に編み、
15目は1枚にこま編み1段を
編む（記号図参照）

15目
6目
6目　巻きかがり
15目

①2枚を外表に合わせ、
残した糸端で
全目の巻きかがり
（p.140）

③脇を中表に重ね、裏から引き抜いてとじる

6目

54目拾う

15目

3目
3目
3目
3目

④内側に3目ずつのタックをとり、
15目を表から引き抜いてとじる

no.110　トートバッグ

糸…ハマナカ ウオッシュコットン
　　　《クロッシェ》
　　　白（101）、赤（145）
針…3/0号かぎ針
大きさ…幅6.5㎝

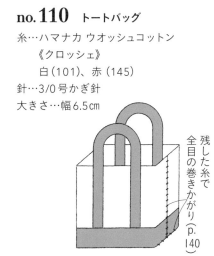

残した糸で全目の巻きかがり（p.140）

no.111 マルシェバッグ

糸…ハマナカ ウオッシュコットン《クロッシェ》 ベージュ（117）
針…3/0号かぎ針
大きさ…幅8cm

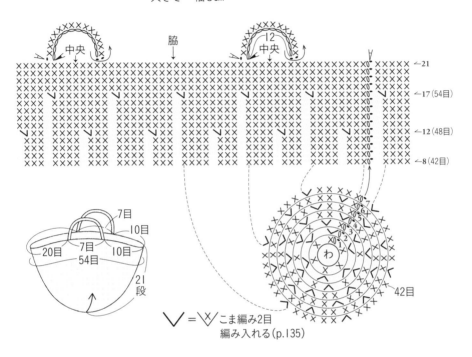

$\bigvee$ = $\underset{\diagdown\diagup}{\times}$こま編み2目
編み入れる(p.135)

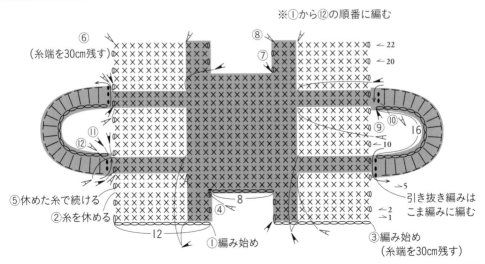

123

no.112　モチーフバッグ

糸…ハマナカ ウオッシュコットン《クロッシェ》
　　　赤（145）、オレンジ（140）、マゼンタピンク（146）
針…3/0号かぎ針
大きさ…幅6cm

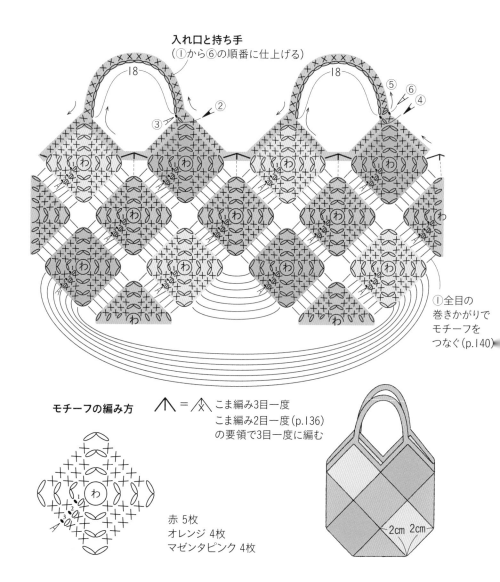

入れ口と持ち手
（①から⑥の順番に仕上げる）

①全目の
巻きかがりで
モチーフを
つなぐ（p.140）

モチーフの編み方

$\bigwedge$ ＝ $\overbrace{\bigwedge}$　こま編み3目一度
こま編み2目一度（p.136）
の要領で3目一度に編む

赤 5枚
オレンジ 4枚
マゼンタピンク 4枚

no.113 おしゃれバッグ

糸…ハマナカ ウオッシュコットン《クロッシェ》　黒（120）
針…3/0号かぎ針
その他…直径0.6㎝のボタン1個
大きさ…幅4.5㎝

後ろ側面とふた
（こま編み）

ボタン穴　ふたまわり

←20

←15

1　←10

←5

←2
←1

編み始め

前側面
（こま編み）

←10

←5

←2
←1

編み始め

$\bigvee$ = $\underset{\vee}{\vee}$ こま編み2目編み入れる
（p.135）

$\bigwedge$ = $\underset{\wedge}{\wedge}$ こま編み2目一度（p.136）

ボタン穴

①ふたまわりに
こま編みを編む

③側面とまちを外表に合わせ、
まち側を見ながらこま編みを
輪に編んでつなぐ

ボタン

②まちの編み始めと編み終わりを
全目の巻きかがりで輪にする（p.140）

まちと持ち手
（こま編み）

1

□と重ねる　　●と重ねる

←14

←11
←10

★と重ねる　　▲と重ねる

←2
←1
←16

こま編みを輪に編んでつなぐ

←12　持ち手

←2
←1
←14

☆と重ねる　　△と重ねる

←5
←4

■と重ねる　　○と重ねる

←1

編み始め

125

114

115

116

118

117

Design：lunedi777
Yarn： ハマナカ ウオッシュコットン《クロッシェ》
How to make ⇒ **no. 114～118** p.128・129
                no. 119～124 p.130・131

119

a

b

120

121

a

122

121

b

123

a

b

124

no.114 巻きばら

糸…ハマナカ ウオッシュコットン《クロッシェ》
針…3/0号かぎ針
モチーフの大きさ… 丈5㎝

a／(139)、(104)、(131)
b／(146)、(135)、(110)

花しん

※中に残り糸を詰め、
最終段の目に糸を
通してしぼる

花

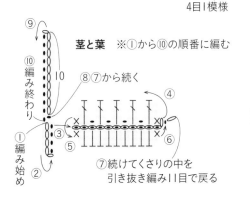

←1

60目

4目1模様

茎と葉 ※①から⑩の順番に編む

⑨
⑩編み終わり
10
⑧⑦から続く
④

①編み始め
②
③
⑤
⑥

⑦続けてくさりの中を
引き抜き編み11目で戻る

前

中心に花しんを縫いつける

花は
内側から巻いて
形を整えてとじる

(表)

茎を花の裏側に
縫いつける

no.115 青い花

糸…ハマナカ ウオッシュコットン
　　《クロッシェ》
針…3/0号かぎ針
モチーフの大きさ… 直径4㎝

わ

∨=ｘ̇こま編み2目編み入れる(p.135)
(127)、(101)、(135)、(145)

※(　)内は色番号

no.118 椿

糸…ハマナカ ウオッシュコットン《クロッシェ》
針…3/0号かぎ針
モチーフの大きさ… 幅5㎝

花

わ

葉

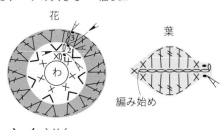

編み始め

∨=ｘ̇こま編み2目編み入れる

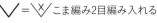

葉を花の裏側に縫いつける
a／(145)、(117)、(104)、(150)
b／(101)、(117)、(104)、(108)

no.116　ピンクと黄色い花

糸…ハマナカ ウオッシュコットン《クロッシェ》
針…3/0号かぎ針
モチーフの大きさ… 丈4.5cm

a／(146)、(113)、(124)
b／(104)、(141)、(135)

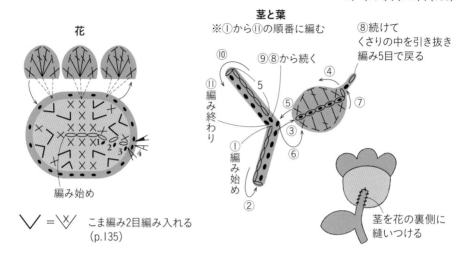

花

茎と葉
※①から⑪の順番に編む

⑧続けて
くさりの中を引き抜き
編み5目で戻る

編み始め

$\bigvee$ ＝$\bigvee\!\!\!\!\times$　こま編み2目編み入れる
（p.135）

茎を花の裏側に
縫いつける

no.117　チューリップ

糸…ハマナカ ウオッシュコットン《クロッシェ》
針…3/0号かぎ針
モチーフの大きさ… 丈5cm

a／(144)、(132)
b／(145)、(150)

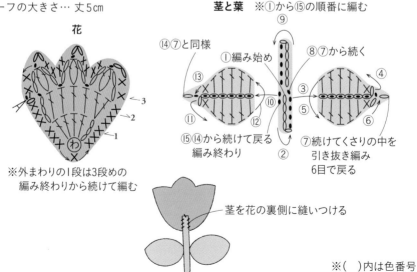

花

茎と葉　※①から⑮の順番に編む

⑭⑦と同様

①編み始め

⑧⑦から続く

⑮⑭から続けて戻る
編み終わり

⑦続けてくさりの中を
引き抜き編み
6目で戻る

※外まわりの1段は3段めの
編み終わりから続けて編む

茎を花の裏側に縫いつける

※（ ）内は色番号

糸…ハマナカ ウオッシュコットン《クロッシェ》
針…3/0号かぎ針
モチーフの大きさ… **no.119** 幅3.5cm　**no.121** 幅4cm　**no.123** 高さ5.5cm
　　　　　　　　　　　no.120 6.5cm　**no.122** 7cm　**no.124** 5.5cm

no.119　ちょうちょ

a／(104)、(101)、(118)
b／(131)、(104)、(124)

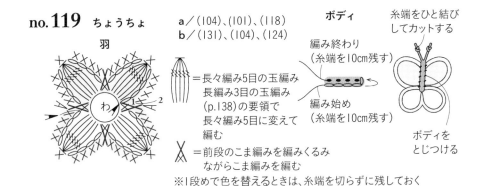

羽

ボディ

＝長々編み5目の玉編み
長編み3目の玉編み
(p.138)の要領で
長々編み5目に変えて
編む

＝前段のこま編みを編みくるみ
ながらこま編みを編む

編み終わり
（糸端を10cm残す）

編み始め
（糸端を10cm残す）

糸端をひと結び
してカットする

ボディを
とじつける

※1段めで色を替えるときは、糸端を切らずに残しておく

no.121　かたつむり

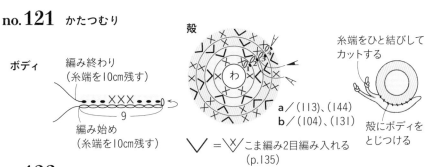

ボディ

編み終わり
（糸端を10cm残す）

編み始め
（糸端を10cm残す）

殻

糸端をひと結びして
カットする

殻にボディを
とじつける

∨ ＝ こま編み2目編み入れる
(p.135)

a／(113)、(144)
b／(104)、(131)

no.123　お家

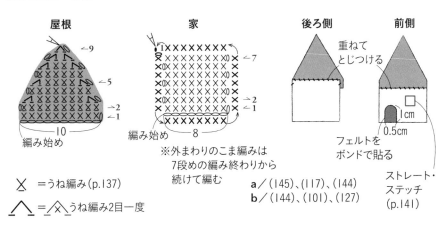

屋根

家

後ろ側

前側

←9
←5
→2
←1

編み始め
10

←7
→2
←1

編み始め
8

※外まわりのこま編みは
7段めの編み終わりから
続けて編む

重ねて
とじつける

1cm
0.5cm

フェルトを
ボンドで貼る

ストレート・
ステッチ
(p.141)

X ＝うね編み(p.137)

∧ ＝ うね編み2目一度

a／(145)、(117)、(144)
b／(144)、(101)、(127)

※（　）内は色番号

130

no.120　いちご

実

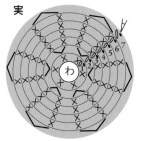

茎と葉、がく

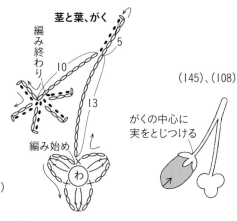

編み終わり
10
5
13
編み始め
わ

（145）、（108）

がくの中心に
実をとじつける

$\bigvee$ = こま編み2目編み入れる（p.135）

$\bigwedge$ = こま編み2目一度（p.136）

※中に残り糸を詰め、最終段の目に糸を通してしぼる

---

no.122　オリーブ

実　2個

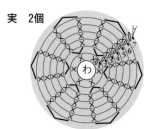

茎と葉　※①から⑬の番号順に編む

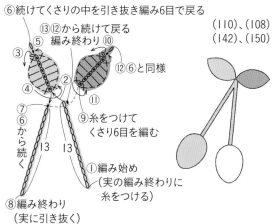

⑥続けてくさりの中を引き抜き編み6目で戻る
⑬⑫から続けて戻る
編み終わり
⑤
③
④
②
⑫⑥と同様
⑪
⑦
⑥から続く
⑨糸をつけて
くさり6目を編む
13　13
①編み始め
（実の編み終わりに
糸をつける）
⑧編み終わり
（実に引き抜く）

（110）、（108）
（142）、（150）

$\bigvee$ = こま編み2目編み入れる
（p.135）

$\bigwedge$ = こま編み2目一度（p.136）

※中に残り糸を詰め、最終段の目に
糸を通してしぼる

---

no.124　さくらんぼ

実　2個

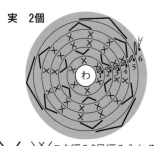

茎と葉

6
11
9
編み始め
（実の編み終わり
に糸をつける）
編み終わり
（実に引き抜く）

（145）、（150）

$\bigvee$ = こま編み2目編み入れる（p.135）

$\bigwedge$ = こま編み2目一度（p.136）

※中に残り糸を詰め、最終段の目に糸を通してしぼる

※（　）内は色番号

かぎ針編みの基礎

[作り目]

円形の編みはじめ
くさり編みを輪にする方法

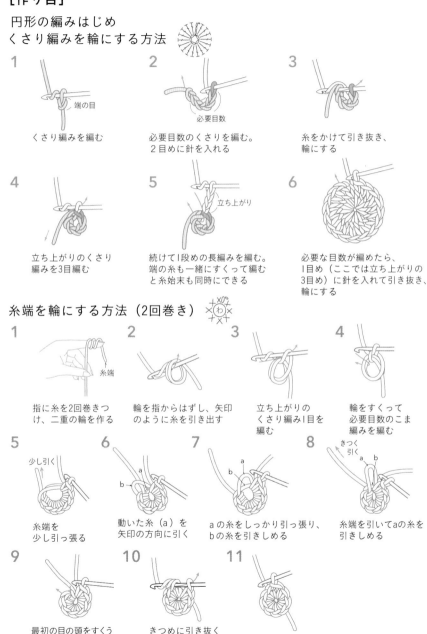

1

端の目

くさり編みを編む

2

必要目数

必要目数のくさりを編む。
2目めに針を入れる

3

糸をかけて引き抜き、
輪にする

4

立ち上がりのくさり
編みを3目編む

5

立ち上がり

続けて1段めの長編みを編む。
端の糸も一緒にすくって編む
と糸始末も同時にできる

6

必要な目数が編めたら、
1目め（ここでは立ち上がりの
3目め）に針を入れて引き抜き、
輪にする

糸端を輪にする方法（2回巻き）

1

糸端

指に糸を2回巻きつ
け、二重の輪を作る

2

輪を指からはずし、矢印
のように糸を引き出す

3

立ち上がりの
くさり編み1目を
編む

4

輪をすくって
必要目数のこま
編みを編む

5

少し引く

糸端を
少し引っ張る

6

a
b

動いた糸（a）を
矢印の方向に引く

7

a
b

aの糸をしっかり引っ張り、
bの糸を引きしめる

8

きつく
引く
a
b

糸端を引いてaの糸を
引きしめる

9

最初の目の頭をすくう

10

きつめに引き抜く

11

［編み目記号］

くさり編み ⬭ ⬭⬭⬭

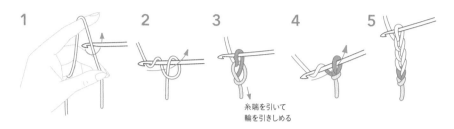

3 糸端を引いて
輪を引きしめる

こま編み ✕ ✕✕✕✕✕✕✕✕✕

1 くさり編み1目で立ち上がり、
作り目の1目めをすくう

2 針に糸をかけ、矢印の
ように引き出す

3 針に糸をかけ、針に
かかっているループを
一度に引き抜く

4 1目でき上がり。
こま編みは立ち上がりのくさり
編みを1目に数えない

5 2目めからは立ち上がりの
くさり編みを編まずに
1〜3を繰り返す

6 ※頭とは、編み目の上にある
2本の糸のこと。柱は頭の
下側のこと。足とも呼ぶ

引き抜き編み ⬬

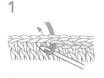

1 前段の目の頭をすくう

2 針に糸をかけ、一度に引き抜く

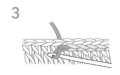

3 1、2をくり返し、編み目
がつれない程度にゆるめ
に編む

中長編み ⊤

1

立ち上がりの
くさり編み2目

くさり編み2目で立ち上がる。
針に糸をかけ、作り目の2目め
をすくう

2

針に糸をかけ、矢印のように
くさり編み2目分の高さまで
引き出す

3

針に糸をかけ、針に
かかっているループを
一度に引き抜く

4

1目でき上がり。立ち上がり
のくさり編みを1目に数える

5

2目めからは立ち上がりの
くさり編みを編まずに
1〜3を繰り返す

6

長編み ⊤

1

立ち上がりの
くさり編み3目

くさり編み3目で立ち上がる。
針に糸をかけ、作り目の2目め
をすくう

2

針に糸をかけ、矢印のように
1段の高さの半分から2/3くらい
まで引き出す

3

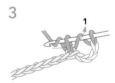

1

針に糸をかけ、
1段の高さまで引き出す

4

2

針に糸をかけ、針にかかって
いるループを一度に引き抜く

5

1目でき上がり。立ち上がり
のくさり編みを1目に数える

6

2目めからは立ち上がりの
くさり編みを編まずに
1〜4を繰り返す

長々編み

1

くさり編み4目で立ち上がる。針に糸を2回かけ、作り目の2目めをすくう

立ち上がりのくさり編み4目

2

針に糸をかけ、矢印のように1段の高さの1/3から半分くらいまで引き出す

3

針に糸をかけ、2つのループを引き抜く

4

針に糸をかけ、2つのループを引き抜く

5

針に糸をかけて残りの2つのループを引き抜く

6

2目めからは立ち上がりのくさり編みを編まずに1〜5を繰り返す。立ち上がりのくさり編みを1目に数える

三つ巻き長編み

針に糸を3回かけ、長々編みの要領でループを2本ずつ4回で引き抜く

こま編み2目編み入れる

※目数が異なる場合も、同じ要領で編む

1

こま編みを1目編み、同じ目にもう一度編む

2

1目増える

長編み2目編み入れる

※目数が異なる場合も、同じ要領で編む

1

長編みを1目編み、同じ目にもう一度針を入れる

2

長編みを編む

3

1目増える

中長編み2目編み入れる

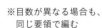

※目数が異なる場合も、同じ要領で編む

1

中長編みを1目編み、同じ目にもう一度針を入れて中長編みを編む

135

こま編み2目一度  ※目数が異なる場合も、同じ要領で編む

1

1目めの糸を引き出し、
続けて次の目から糸を
引き出す

2

針に糸をかけ、針にかかって
いるすべてのループを一度に
引き抜く

3

こま編み2目が1目になる

長編み2目一度 ※目数が異なる場合も、同じ要領で編む

1

未完成の長編みを編み、
次の目に針を入れて糸
を引き出す

2

未完成の長編みを編む

3

2目の高さを揃え、
一度に引き抜く

4

長編み2目が1目になる

長編み3目一度

※目数が異なる場合も、同じ要領
で編む

2目一度の要領で
未完成の長編み3目を一度に編む

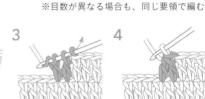

― 未完成の編み目 ―

※記号の編み目の最後の
引き抜く操作をしない、
針にループを残した状態を、
「未完成の編み目」という。
2目一度、3目一度や玉編み
などを編むときの操作の途
中で使う。

（長編み2目一度の場合）

こま編みのすじ編み

1

前段のこま編みの頭の
向こう側の糸1本だけを
すくい、針に糸をかけて
引き出す

2

こま編みを編む

3

前段の目の手前側の1本の
糸が残ってすじができる

136

うね編み

1

前段の頭の向こう側の
糸1本だけをすくい、
針に糸をかけて引き出す

2

こま編みを編む

3

毎段向きをかえて往復編みで編む。
2段でひとつのうねができる

こま編み表引き上げ編み

1

矢印のように針を入れ、
前段の柱をすくう

2

針に糸をかけ、こま編みより長めに糸を引き出す

3

4

こま編みと同じ要領で編む

5

でき上がり

こま編み裏引き上げ編み

1

向こう側から矢印のように
針を入れて前段の柱をすく
い、糸をゆるめに引き出す

2

こま編みと同じ要領
で編む

3

でき上がり

長編み表引き上げ編み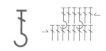

1	2	3	4

針に糸をかけ、前段の柱を矢印のように表側からすくう	針に糸をかけ、前段の目や隣の目がつれないように長めに糸を出す	長編みと同じ要領で編む	でき上がり

長編み裏引き上げ編み

1	2	3
	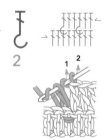	
針に糸をかけ、前段の柱を矢印のように裏側からすくい、長めに糸を引き出す	長編みと同じ要領で編む	でき上がり

中長編み3目の玉編み

※目数が異なる場合も、同じ要領で編む

1	2	3

針に糸をかけ、矢印のように針を入れ、糸を引き出す（未完成の中長編み）	同じ目に未完成の中長編みを編む	同じ目に未完成の中長編みをもう1目編み、3目の高さを揃え、一度に引き抜く

長編み3目の玉編み

※目数が異なる場合も、同じ要領で編む

1	2	3

長編みの途中まで編む（未完成の編み目 p.136参照）	同じ目に未完成の長編みを編む	同じ目に未完成の長編みをもう1目編み、3目の高さを揃え、一度に引き抜く

中長編み3目の変形玉編み

※目数が異なる場合も、
同じ要領で編む

1

中長編み3目の玉編みの要領で
針に糸をかけ、矢印のように
引き抜く

2

針に糸をかけ、2本の
ループを一度に引き抜く

3

でき上がり

長編み5目のパプコーン編み

※目数が異なる場合も、
同じ要領で編む

1

同じ目に長編みを
5目編み入れる

2

針を抜き、矢印
のように1目め
から入れ直す

3

矢印のように
目を引き出す

4

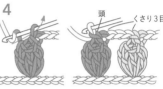

針に糸をかけ、くさり編みの要領で1目
編む。この目が頭になる

くさり3目のピコット

（こま編みに編みつける場合）

1

くさり編みを3目編む。
矢印のようにこま編みの頭
半目と柱の糸1本をすくう

2

針に糸をかけ、全部の
糸を一度にきつめに
引き抜く

3

でき上がり。
次の目にこま編みを編む

（くさり編みに編みつける場合）

※目数が異なる場合も、
同じ要領で編む

1

くさり編みを3目編む。
矢印のようくさり半目と
裏山の2本に針を入れる

2

針に糸をかけ、全部の
糸を一度にきつめに
引き抜く

3

でき上がり

4

続けてくさり編みを
編む

∖ =糸をつける

∖ =糸を切る

※編み図のページでは
「糸をつける」、「糸を切る」
は記号で解説

 と の区別

根元が
ついている場合

根元が
離れている場合

前段の1目に
針を入れる

前段のくさり編みの
ループを束にすくう

※「束にすくう」＝前段のくさり編み目を
くるむようにそっくりすくって編むこと

[編み込み模様の編み方]

色の替え方（輪編みの場合）

1
2

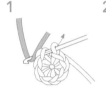

色を替える手前の目の最後の糸を引き抜く
ときに、新しい糸に替えて編む

編みくるむ方法

1
2

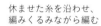

休ませた糸を沿わせ、
編みくるみながら編む

糸を替えるときは、
1目手前の目を引き
抜くときに配色糸と
地糸を替える

糸を交差させる方法

1
2
3

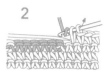

未完成の長編みを編み、
A色の糸を向こう側に
休ませてB色に替える

1と同様にしてC色に替える

2段め。C色を編み地の手前側（裏側）に
休ませ、B色が上になるように替える。
裏側は渡る糸がいつも同じ方向に交差
するようにする

[かがり方とつなぎ方]

全目の 巻きかがり

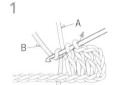

編み地を外表に合わせ、
1目ずつ編み目の頭全部
をすくって引きしめる

半目の 巻きかがり

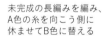

編み地を外表に合わせ、
内側の半目ずつを
すくってかがる

チェーンつなぎ

1

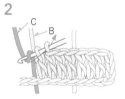

編み終わりの目の糸を
引き出し、針に通して
編み始めの目に通す

2

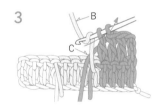

図のように針を通し、
裏側で糸の始末を
する

［モチーフのつなぎ方］

引き抜き編みで編みながらつなぐ方法

1

1枚めのモチーフに針を入れ、
引き抜き編みをきつめに編む

2

くさり編みを編む

引き抜き編み

3

引き抜き編みでつながった
ところ。続けて編み進む

こま編みで編みながらつなぐ方法

1

1枚めのモチーフに針を入れ、
矢印のように糸をかける

2

こま編みを編む

3

こま編み

こま編みでつながったところ。
続けて編み進む

刺しゅうの基礎

ストレート・ステッチ (p.130)

フレンチ・ノット(p.120)

[モチーフのつなぎ方]
引き抜き編みで複数のモチーフをつなぐ方法

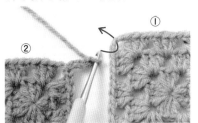

1 2枚めのモチーフの最終段を編むときに、角まで編んだら1枚めのモチーフの角のループに矢印のように針を入れる。

2 糸をかけて引き抜く。続けて右下の角まで編み進む。

3 右下の角まで編んだら、1枚めのモチーフのくさり編みのループに矢印のように針を入れて引き抜く。

4 角がつながった。

5 長編み3目を編む。

6 1枚めのくさり編みを束にすくって引き抜きながら編み進む。

7 続けて編み進む。

8 最後は立ち上がりのくさり編み3目めに引き抜く。

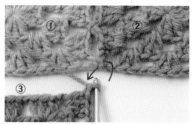

9 3枚めのモチーフは1枚めと2枚め
のモチーフをつないだ引き抜き編み
の柱2本に針を入れる。

10 針に糸をかけて引き抜く。

11 3枚めの角がつながった。

12 同じ要領で1枚めとつなぎながら編
み進む。

13 4枚めのモチーフも2枚めの引き抜
き編みの柱2本に針を入れる。

14 針に糸をかけて引き抜く。

15 4枚めの角がつながった。続けて3
枚めとつなぎながら編み進む。

16 4枚がつながった。つなぎ目が1カ
所に集まって安定する。

作品デザイン	青木恵理子
	遠藤ひろみ
	岡まり子
	岡本啓子
	風工房
	河合真弓
	橋本真由子
	lunedi777
製作協力	小澤智子
ブックデザイン	渡部浩美
撮影	有賀 傑（カバー、口絵）
	中辻 渉（基礎プロセス）
スタイリング	澤入美佳
トレース	大楽里美
編集協力	善方信子
	渡辺道子
編集	佐藤周子
編集デスク	朝日新聞出版 生活・文化編集部（森 香織）

この本の作品はハマナカ手芸手あみ糸を使用しています。
糸については下記へお問い合わせください。

ハマナカ株式会社
〒616-8585
京都市右京区花園薮ノ下町2番地の3
Fax 075-463-5159
http://hamanaka.co.jp
info@hamanaka.co.jp

つなげて楽しむ かぎ針編みの モチーフ124

編　著　朝日新聞出版

発行者　片桐圭子

発行所　朝日新聞出版
　　　　〒104-8011　東京都中央区築地 5-3-2
　　　　（お問い合わせ）infojitsuyo@asahi.com

印刷所　図書印刷株式会社

©2024　Asahi Shimbun Publications Inc.
Published in Japan by Asahi Shimbun Publications Inc.
ISBN　978-4-02-333395-6

定価はカバーに表示してあります。
落丁・乱丁の場合は弊社業務部（電話 03-5540-7800）へご連絡ください。
送料弊社負担にてお取り替えいたします。

本書および本書の付属物を無断で複写、複製（コピー）、引用することは著作権法上での例外を除き禁じられています。また
代行業者等の第三者に依頼してスキャンやデジタル化することは、たとえ個人や家庭内の利用であっても一切認められており
ません。

本書に掲載している写真、作品、製図などを製品化し、ハンドメイドマーケットや SNS、オークションでの個人販売、ならび
に実店舗、フリーマーケット、バザーなど営利目的で使用することは著作権法で禁止されています。個人で手作りを楽しむた
めのみにご使用ください。

◎お電話等での作り方に関するご質問はお受けしておりません。

印刷物のため、作品の色は実物と多少異なる場合があります。ご了承ください。
※材料の表記は2024年4月現在です。